philosophie
d'un retournement

fougères 42220 la versanne
ISBN *2-909-422-52-6*

françois dagognet

philosophie d'un retournement

encre marine

À Cyrille HARPET,
Théoricien et philosophe des déchets,
et à Philippe TOPALIAN,
Expert de l'audiovisuel
en témoignage de gratitude et de sympathie.

AVANT-PROPOS

LE TEXTE QUI SUIT prolonge ceux qui l'ont précédé : il s'inspire de la même philosophie. Nous l'avons, à plusieurs reprises, définie.

Dès le départ, nous nous sommes attaché à ce dont la tradition nous détourne : en effet, nous accordons du prix à la simple morphologie (la forme). Un être quel qu'il soit, n'existe pas en dehors de son inscription dans laquelle et à travers laquelle il se manifeste : il ne saurait tendre vers le retrait, encore moins l'extinction, il ne peut que viser à s'imposer comme à persévérer. Aussi sommes-nous attentif à la «configuration » qui le retient et l'originalise, mais la métaphysique – souvent prisonnière encore de son catharisme – ne va guère dans cette direction qu'elle regarde même comme une quasi-déchéance, dans la mesure où cette tendance majore la part matérielle, c'est-à-dire celle du support (encore que ce dernier mot ne convienne pas, tant nous discernons en lui le côté diminutif de ce qu'il désigne).

S'il n'est donc pas d'idée qui puisse être détachée de ce qui l'enferme et l'exprime – l'hylémorphisme traduit bien cette mixité obligée – nous n'avons repris pour autant ni le mot ni la chose : en effet, l'art contemporain nous a mis en garde et s'est chargé de fortifier un point de vue plus radical, – celui qu'en conséquence nous avons dû adopter, bon gré mal gré – dans la mesure où certains plasticiens ont décidé de pathétiser et de révéler la poétique du matériau, délivré enfin de la seule fonction porteuse à laquelle il était réduit. Si le signifié ne peut pas se séparer du signifiant, il n'en reste pas moins vrai que ce dernier, par lui seul, détient en lui des puissances évocatrices (la simple pierre, des brins de tissu, un morceau de bois, au besoin, calciné). Ajoutons que la science naturelle, même lorsqu'elle s'en tient à l'exploration, nous convainc de l'inexhaustivité de ce qu'on croyait homogène.

Nous avons ensuite suivi le chemin qui conduit de la morphologie et de ses succédanés (la symptomatologie ou la séméiologie qui s'emploient à récolter les traductions de ce que nous cherchons à comprendre et donc à diagnostiquer) à l'iconologie : (le graphe ou l'image, le croquis ou le diagramme, nous proposent l'essentiel de ce que la forme nous livrait dans son ensemble) ; elle évince le secondaire pour ne retenir que la structure, les interrelations entre les unités ainsi que leur positionnement respectif. Il ne s'agit donc pas d'un changement de direction mais de la prolongation de la perspective première.

Nous ne nous éloignons pas pour autant de la matériologie ; nous ne cherchons qu'à rematérialiser ; toutefois, nous continuons à refuser les étiquettes commodes comme celle de matérialiste ou même de matiériste (ce dernier terme nous semble trop proche de « maniériste », alors que justement la matériologie nous impose de prendre en compte le basique, le fondement de toute organisation) ; mais nous acceptons l'étiquette de matériologue. Il va de soi que, désormais, cette matérialité n'implique pas une réalité contraire à l'esprit ou même à la subjectivité, encore moins la guerre contre eux ; au contraire, nous montrerons par la suite combien ces deux registres s'avèrent solidaires et même ne font qu'un.

L'objectologie y concourt ; elle se situe au cœur de notre philosophie (je suis et me déclare « objecteur »). Il convient ici d'examiner les constructions les plus prosaïques comme les plus élaborées qui relèvent toutes de l'ingéniosité qu'elles concrétisent (ustensiles, outils, appareils, machines). L'intelligence se reconnaît dans ce qu'elle fabrique ; nous nous détournons à nouveau des seules idéalités pour envisager les arrangements ou les dispositifs grâce auxquels nous nous équipons ; nous parvenons à tourner la matière contre elle-même et par là à la dominer.

Nous rattachons sans peine à l'objectologie une province voisine d'elle, l'abjectologie : les débris et les déchets se mettent de plus en plus à compter ; non seulement ils entrent dans des cycles productifs qui les renouvellent mais ils servent l'art actuel qui les célèbre (la résurrection ontologique pour eux et non pas, comme certains l'ont cru, le jeu, la provocation ou la dérision) : ils portent d'ailleurs en eux les marques d'un usage ou d'une histoire, sinon les traces de la destruction ; l'apollinien qui brille s'efface devant un dionysiaque qui inclut en lui la meurtrissure, la violence et aussi la mort[1].

N'oublions pas la taxinomie qui ramasse tous les spécimens et s'efforce de les distribuer (la partition). Elle accomplit un dessein culturel propre à toutes les disciplines : celui de retrouver ainsi les divisions ou les articulations grâce auxquelles nous triomphons du nombre et du désordre.

Il s'ensuit une constellation que nous croyons cohérente, regroupant la morphologie, l'iconologie, la matériologie, l'objectologie, l'abjectologie, la taxinomie, toutes s'appelant les unes les autres.

Cet ensemble, à son tour, est encerclé par une circonférence plus vaste – celle de l'axiologie qui domine le lot (la science des valeurs, aussi bien la science politique que la théologie ou la morale ainsi que l'eudémonologie, la science du bonheur). Nous leur avons d'ailleurs, comme il se doit, consacré plusieurs livres, – *Le trouble, Philosophie de la propriété, Une nouvelle morale, Comment se sauver de la servitude ?*

Assurément, le « devoir-être » ne saurait se tirer de l'être, puisqu'il l'excède. Nous sommes contraint de reconnaître ici une apparente cassure entre les disciplines précédemment énumérées et celle-ci. Sans nier la présence d'un écart, nous refusons toutefois l'existence d'une rupture, sinon nous encouragerions la philosophie que nous combattons, celle pour laquelle la matérialité (et non moins le factuel) souille ou abaisse l'idée, celle qui coupe le concept de son devenir, alors qu'il ne vit qu'à travers lui.

1. Pour en savoir plus sur ce thème, on lira le bel ouvrage de Cyrille Harpet, *Du Déchet : Philosophie des Immondices*, L'Harmattan, Janvier 1999.

Nous illustrons par un exemple notre manière de voir. Nul ne peut douter de l'importance, tant politique que morale, de la « nation » et de tout ce qu'elle implique (la patrie). Cette réalité vivante et intégratrice suppose des échanges réels, aussi bien entre les hommes qu'entre leurs productions, la possibilité de rencontres et de confluences, la facilité pour ses membres de se lier entre eux. Elle dépend donc des moyens divers de communiquer. Or, de nos jours, les anciens clivages perdent de leur sens (et si d'aventure la mer sépare deux peuples, un tunnel va les réunir) ; nous nous déplaçons plus vite et plus aisément ; les « mélanges » de toute nature se multiplient. Les centres de fabrication (l'économie) doivent s'unir et se partager les rôles. Bref, s'impose de plus en plus l'idée d'une Méta-nation qui dépasse nos délimitations anciennes.

Il convient d'inventer un concept tel qu'il puisse respecter notre singularité et même la souveraineté de notre propre nation, en même temps qu'il nous agrège à un système opérationnel plus vaste. Quelle Europe bâtir qui ne soit pas seulement une confédération ou des nations seulement ajoutées les unes aux autres – un habit d'Arlequin – ni un ensemble bureaucratique unitaire qui nous priverait de ce qu'a forgé notre passé ? Nous croyons d'ailleurs prévoir ce qui va se dessiner, dans un premier temps : une Europe qui prendra en charge les intérêts communs (notamment la défense et la diplomatie), puis l'ancien dispositif allégé qui conservera ce qui a trait à la culture comme aux particularités (au total, une solution éclectique).

Mais nous en retenons que ce problème actuel mêle bien le matériel et le spirituel, naissant même de leur entrecroisement. Ne les détachons pas l'un de l'autre, ce qui atténue la scission entre le devoir-être et l'être, dans la mesure où les secousses du second retentissent sur les obligations et les constructions du premier.

Mais nous ne cachons pas que nous nous proposons, dans l'immédiat, d'ajouter aux précédentes une perspective, sans doute plus risquée : l'exologie ou la défense systématisée de l'extériorité, généralement ignorée sinon méprisée. Déjà, nous redoutons de courroucer le philosophe qui se retire dans son poêle, son cabinet (mais ce n'est pas le cabinet des curiosités, en honneur dans le passé), occupé seulement de ses pensées, à tel point que certains de ces méditants sont allés jusqu'à nier la réalité de notre univers, ne retenant que ce qu'ils trouvaient en eux-mêmes.

Le kantisme, bastion métaphysique s'il en est, reprend cette orientation mais de façon plus crédible et plus acceptable : seules les catégories qui organisent le sensible, ainsi que les cadres qui le reçoivent (l'espace et le temps) viennent de nous, tant le monde est bel et bien « notre représentation ». De ce fait, nous ne pourrons connaître son fond même, puisque nous plaquons sur lui, pour le rendre minimalement existant, les principes a priori de la sensibilité (d'où la forme) ainsi que les liens de notre seul entendement.

☆

Les quatre chapitres de notre texte en faveur de l'exologie, – tous quatre opposés tant à la métaphysique cathare qu'à la philosophie kantienne – risquent de heurter moins encore par les conclusions qu'ils suggèrent que par la diversité de leur propre champ : la biologie ou l'histoire naturelle, la fabrication de certains objets, notamment les objets qui en contiennent d'autres, l'anthropologie et la situation de l'ego, enfin, dans le dernier chapitre, quelques tendances de l'art contemporain et l'inévitable prise en compte du mouvement « supports-surfaces ».

Dans le premier chapitre, nous tentons de surprendre la vie dans son acmé, c'est-à-dire à la périphérie et non pas au centre, là où se logeraient les viscères nobles, le cœur et le foie. Nous ne partageons pas ce dernier point de vue, nous rejoignons Bichat qui opposait, dans le corps, deux territoires, l'intérieur ou le végétatif (ainsi nommé parce que commun à l'animal et à la plante), l'extérieur, peau et muscles. Mais l'animal reste encore emprisonné sous sa carapace ou ses écailles, ou même le prisonnier de ses plumes et de sa fourrure. Il ne manquera pas de s'émanciper peu à peu, en se portant à son extrémité (la sensibilité épidermique). L'homme définit justement le sommet du mouvement évolutif en raison de sa nudité libératrice ; il est, grosso modo, glabre de la tête aux pieds. En conséquence, la peau assume de nombreux rôles, d'autant que nous ne saurions la distinguer du cerveau (le bipôle, puisque chacun des deux dépend de l'autre), ce dont on s'étonnera d'autant moins que tous deux dérivent du même feuillet embryologique. Nous ne saurions reprendre à notre compte toutes les expériences qui légitiment cette vue, mais il est sûr déjà que l'enfant caressé, emmailloté, bercé, porté s'avère plus performant que le délaissé, tant le stimulus externe retentit sur l'encéphale, favorisant la vivacité et même l'intelligence des situations.

Ensuite – second chapitre – nous allons jusqu'à prendre en compte et même à encenser le flacon qui contient le précieux parfum : comment un récipient peut-il, à ce point, éclipser en partie ce qu'il enferme ? Nous amplifions le problème jusqu'à susciter une philosophie de l'enveloppement qui concerne l'étui, la boîte, le vase, la cruche, la corbeille, le sachet, le coffre, etc. Il n'est d'ailleurs rien qui n'obéisse au principe souverain de l'« empaquetage » : le monde lui-même ressemble à un immense réservoir ou un vaste cercle qui inclut en lui de nombreuses provinces. La maison, de son côté, nous met aussi à l'abri et du fait même nous cloître. Partout nous assistons à la relation décisive entre l'emballage et ce que celui-ci préserve, rassemble ou isole.

Pour certains, l'enveloppe paraît sans lien véritable avec ce qu'elle comprend : la preuve en est qu'elle pourra servir à nouveau, le plus souvent, puisqu'elle n'est pas liée à ce qu'elle a entouré (la caisse ou le simple sac). Ne faut-il pas reconnaître la dissociation ou le côté simplement pratique du récipient ?

Nous ne cesserons pas cependant de tenir cette possibilité d'enfermer et de transporter des contenus différents pour un privilège (l'objet ici sert d'autres objets ; de quelque manière, il les dépasse). Mais évitons surtout de traiter en vrac les marchandises les plus fragiles : elles méritent même un double habillage qui ne convient qu'à elles, tant il les insère. Nous verrons aussi à quel point le contenant diffère selon ce qu'il doit recevoir ; et d'ailleurs notre monde accorde de plus en plus d'importance au conditionnement (le packaging, l'emballage). Le véhiculaire notamment parvient, à lui seul, à informer sur ce qu'il a empaqueté, en même temps qu'il l'emblématise ; le logo gagnera à recouvrir la boîte ou la bouteille, parce que, en l'occurrence, celles-ci ont fini par l'emporter sur ce qu'elles détenaient ; elles le rendent plus précieux ; elles participent donc à la fête philosophique qui consacre l'extériorité.

Dans le troisième chapitre, voué à la psychologie, nous nous employons à montrer que le moi ne s'est pas enfoui dans un dedans inaccessible : il habite la superficie ; nous apprenons à l'y percevoir (l'âme à fleur de peau). Enfin, – chapitre quatrième – l'art contemporain nous retient tant il devait pathétiser le substrat qu'il arrache à la seule fonction de porteur à laquelle il avait été réduit. Le plasticien parvient à le restituer dans sa voluminosité ; le visible finit par dépasser le visible et nous offrir, entre autres possibilités, l'envers de l'endroit.

Si nos quatre chapitres divergent, chacun d'entre eux n'en rejoint pas moins les autres ; tous valorisent l'apparaître : la vie s'y installe, le véritable objet s'en inspire, le moi s'y loge, l'art s'y consacre ; tous parviennent à éviter la disjonction entre l'avant et l'arrière, le dessus et le dessous. Nous mettons fin à cette cassure, donc au dualisme qui frappe autant le sujet que l'objet, autant le vivant que la marchandise. Pour ces deux derniers, plus particulièrement, le dehors parvient à une certaine autonomisation, en ce sens qu'il exprime la totalité dont il semblait, au départ, ne pouvoir nous gratifier que de la seule face : il tend alors vers la complétude, tandis que dans les représentations traditionnelles, il était diminué et évincé. Le périphérique méprisé en perd donc vite son défaut majeur, – celui d'obturer ou de seulement recouvrir.

Et pourquoi cette guerre livrée au surfacial ? Sans doute parce que nous ne savons pas recueillir l'information qu'il nous propose, parce qu'un faux imaginaire nous pousse à aller plus loin, quitte à nous perdre dans cette quête vaine. Nous sommes trop dominés par l'illusion du « substantialisme » : sous les qualités circonstancielles se blottirait l'être même. Il convient dans ces conditions, d'éloigner le phénoménal inconsistant pour atteindre le stable, le fondement, l'essentiel.

Freud lui-même s'est plu à condamner ce type d'analyse et de recherche. « Les matériaux de mes observations sont constitués généralement par des faits peu apparents, que les autres scientifiques écartent comme trop insignifiants, par le rebut du monde phénoménal... Ne méprisons pas les petits signes : ils peuvent nous mettre sur la trace de choses plus importantes. Dans le travail scientifique, il est plus rationnel de s'attaquer à ce qu'on a devant soi, à des objets qui s'offrent d'eux-mêmes à notre investigation... Grâce aux liens qui rattachent tout à tout, le petit au grand, ce travail entrepris sans aucune prétention ouvre un accès à l'étude des grands problèmes »[1].

Le plus souvent, les savants, en effet, se sont employés à résoudre des questions minimes ou même se sont attachés à des détails qui semblaient des plus pauvres. Ainsi c'est bien en regardant dans la rue des enfants qui jouaient à communiquer entre eux – l'un frappant l'extrémité d'une poutre, le deuxième appliquant son oreille à l'autre bout – que Laennec inventa le stéthoscope et parvint à entendre comme à interpréter les bruits du cœur et des poumons qui respirent ; la pneumologie ainsi que la cardiologie en résultaient de même que les premiers pas de la sémiologie ou le repérage du thoracique à l'aide des signes physiques qui sont ramassés à la surface.

Mais le philosophe se méfie du monde des sons et des images : il le tient pour trompeur. Quittez ce que vos yeux et vos oreilles récoltent ! Lorsque nous regardons un cube – exemple classique – nous n'apercevons que des faces inégales, sinon irrégulières ; il faut vite rectifier. Lorsqu'un homme s'éloigne de nous, nous ne le voyons pas rapetisser parce que l'évaluation spontanée de la distance diminue dans la même proportion que la hauteur (de celui qui marche) ; nous parvenons à corriger l'une par l'autre ces impressions contraires.

Mais la sensation n'équivaut pas à un coup de poing : elle se forge peu à peu ; nous devons utiliser certains de ses résultats pour en compléter ou en modifier d'autres. On l'abaisse seulement pour pouvoir la suppléer ou la congédier. Le jugement assurerait alors le remplacement.

1. Freud, *Introduction à la Psychanalyse*, Chapitre II, les actes manqués, p. 37.

« Les jugements de la vue – écrit Malebranche – se font en nous, sans nous, malgré nous ». Le philosophe aurait même pu achever la formule de la condamnation : ils se font aussi contre nous. En réalité, nous ne recevons qu'un message, non la chose même, puisqu'elle se trouve nécessairement à distance.

Malgré les critiques, nous n'irons pas nous perdre dans les mirages de la pseudo-profondeur (l'arrière-monde) pas plus que nous ne nous priverons de ce que nous offre en abondance notre immersion dans le réel.

CHAPITRE I

Le recours aux plantes et aux animaux

Nous allons explorer quelques territoires de l'immense domaine de l'extériorité, ainsi qu'il a été déjà précisé, avec l'espoir d'en révéler les ressources : du coup nous nous intéresserons à certains objets, plus particulièrement les contenants, parce qu'eux-mêmes objets qui servent à en rassembler d'autres ; nous les tenons pour des « êtres rudimentaires », si toutefois ils rentrent dans ce vaste groupe – celui des êtres – où bien peu les incluent ; mais nous y sommes disposé dans la mesure où, d'une part, les plus ingénieux d'entre eux nous laissent découvrir leur fonctionnement et où, d'autre part, ils exposent le savoir-faire de leur concepteur ; ils ne manquent pas non plus de l'essentiel, à savoir l'unité et la cohérence.

Il est vrai que nous avons entamé nos analyses (en faveur de l'objectologie) par l'examen de l'un d'entre eux, particulièrement privilégié : le médicament. Or, le comprimé chimique s'avère capable d'apaiser la fièvre, de casser la courbe d'une température, d'effacer l'angoisse (le psychotrope). A l'encontre de ce que beaucoup croient, cette molécule extérieure, pour être aussi efficace, se doit de mimer la substance intérieure ou du moins l'un de ses constituants. Et comme elle lui ressemble, elle est acceptée par le corps malade ; mais, en raison de la minime différence par rapport au modèle, elle empêche son fonctionnement. Nous pouvons la comparer au grain de sable qui enraye la mécanique. Nous retenons surtout que cet objet singulier (il relève de la *materia medicans*) s'inspire du vivant, le copie et par là le trompe ; le même cache l'autre. Nous sommes donc engagé du fait même sur un chemin où le dehors et le dedans s'échangent, voire se confondent. L'un – le dehors – reprend l'autre, – le dedans –. Partant le médicament ne mérite pas d'être tenu pour extrinsèque, une sorte d'étranger qui entre en nous comme un adversaire, alors qu'il se comporte, en vérité, comme un authentique semblable. La pilule qui nous rétablit dans notre santé sort déjà l'objet non seulement du discrédit qui le frappe, mais, mieux encore, d'une extériorité qui le diminue et l'exclut des abords de l'ontologie, dans laquelle nous nous attachons à lui réserver une place (à la frontière, pour le moins).

Nous ouvrirons notre analyse par l'étude générale du port des végétaux et de l'apparaître des animaux, parce que nous ne voulons pas manquer ce qui devrait faciliter nos conclusions : les vivants l'emportent de toute évidence sur les produits, dans la mesure où ils assurent d'ailleurs leur perpétuation et leur maintenance (ils se reconstituent). Nous espérons avec eux fortifier notre point de vue apparemment paradoxal, selon lequel la vie peut et doit être saisie, comprise, non pas « au-dedans » mais par son dehors.

Deux conceptions s'affrontent immédiatement à cet égard : pour les uns, le corps, qu'il soit végétal ou animal, définit le « temple de l'intériorité commençante », abritée par de tenaces enveloppes, voire par une sorte de cuirasse osseuse. Le vivant animal serait même constitué d'organes nettement séparés et surtout protégés : l'encéphale dans la boîte crânienne, le cœur sous la grille costale, les viscères abdominaux derrière une puissante barrière musculaire. Tous sont encore disjoints les uns des autres et d'ailleurs isolés grâce à des membranes élastiques mais résistantes : les méninges, le péricarde, la plèvre, le péritoine. Il en résulte, de haut en bas, une structure d'enrobement et de confinement – de là, un dedans soigneusement séparé et défendu. La vie se tapit alors en raison de sa fragilité et de son importance : ne faut-il pas éviter les chocs ou la simple entrée en elle de ce qui l'annulerait ?

Une notion d'importance – mise en avant par Claude Bernard – confirme bien cette vue : l'organisme s'est fermé sur lui-même et s'est forgé un environnement dont il entretient la fixité, le célèbre « milieu intérieur ». Le dehors ne l'atteint plus, tant il se caractérisait par son irrégularité, ses brusques et dangereux changements : le froid et le chaud, la nourriture mais avec ses excès ou ses manques. Pour vivre, le corps a trouvé le moyen de s'affranchir : il se donne un monde à lui (stable). C'est avec le cas du sucre (ou la glycémie : un gramme par litre de sang, même en période de jeûne complet) que Claude Bernard ouvrait cette perspective novatrice : l'organisme contient toujours en lui la même quantité, parce qu'il confie en quelque sorte au foie une fonction de « mise en réserve ». Quant à ceux qui n'ont pas pu s'autonomiser, ils doivent migrer lorsque les froids arrivent ou bien cesser de vivre, telle la marmotte qui a choisi l'hibernation : elle descend en terre dans l'attente des jours ensoleillés et favorables. En somme, elle continue à exister mais ne vit plus. L'organisme brillerait donc par son indépendance, s'étant soustrait au dehors.

Le niveau microscopique renforce une telle optique : on y apprend vite que n'importe quel organe, n'importe quel tissu est composé d'unités, – les cellules particulièrement closes sur elles et d'ailleurs arrondies. Le sphérique, par lui seul, suppose la boucle. La membrane de ce micro-fragment encercle le noyau, qui possède l'information et détient la clé de tout le fonctionnel. Il fallait l'envelopper. Nous croyons repérer jusque dans cette forme minimale l'équivalent de ce qui définit le vivant en son entier : l'enfermement ; d'ailleurs le mot de cellule évoque le local où le prisonnier est isolé et aussi cadenassé, – voire le lieu dans lequel le religieux se retire pour prier.

Nous avons annoncé deux conceptions ; en effet, une autre, bien que moins répandue, s'oppose à la précédente et comprend autrement l'organisme dans son ensemble : s'il est, par certains côtés, retranché, il n'aurait cependant mis à l'écart que ce qui lui permet de fonctionner, mais c'est au-dehors de lui que se jouerait l'essentiel, aussi bien parce qu'il doit s'informer du milieu dans lequel il se meut (l'importance du sensori-moteur) ou encore parce qu'il doit se mettre en relation avec ses semblables (la sexualité). C'est à sa propre périphérie que se trouverait la vraie vitalité, au croisement de l'individu avec ce qui l'entoure.

L'épistémologie risque de trop retenir ce qui conduit, croyons-nous, dans une impasse, selon laquelle la vie se serait intériorisée et habiterait la profondeur, de là aussi, toute une philosophie d'un corps inexhaustible et promis au mystère. Il faudrait au moins, à l'aide du scalpel, « ouvrir les corps » – le coffre noir des entrailles – pour y découvrir le secret de leur fonctionnalité. A défaut de l'autopsie, la biologie prélèvera quelques brins de nos tissus les plus reculés (la ponction) ou bien retirera quelques gouttes de nos liquides comme le sang, le céphalo-rachidien ou celui de diverses sérosités qui souvent s'accumulent entre les deux feuillets des membranes qui enveloppent les organes vitaux. La radiographie permettra encore plus, elle entrera dans le plus intime qu'elle éclairera, là où la vie se serait blottie. La maladie elle-même résulterait d'une désorganisation insidieuse qui infiltrerait les organes internes : le diagnostic n'en est rendu que plus ardu puisque le mal ne commence le plus souvent que par des signes quasiment imperceptibles (parfois muets) et touche ce qui se dérobe à l'examen. On ne débusque pas facilement l'anomalie. Le drame commence dans l'ombre.

Mais nous pensons éviter cette interprétation générale, que nous assimilons à un glissement, puisque nous défendrons la perspective extérioriste. Aussitôt nous serons arrêté et il nous sera opposé la notion du « milieu intérieur » qui infirme notre choix. Toutefois, n'est-ce pas oublier que le milieu intérieur, – thèse effectivement cardinale – ne concerne que le système ou l'ensemble dit végétatif ? Il convient, sans attendre, de distinguer deux vies pour le corps, l'une qui lui est commune avec les plantes (elles aussi d'ailleurs mettent en réserve les substances nécessaires à leur alimentation, comme si elles entamaient le processus homéostasique), l'autre, typiquement animale, vouée au mouvement et aux affinements sensoriels. Or, l'organisme table d'autant mieux sur la bonne marche de la première, sur sa stabilité, qu'il se hausse à la seconde ; il est sûr que l'une de ces deux vies, au demeurant indispensable et basique, conditionne l'autre mais celle-ci n'en représente pas moins l'exploit de la vie ; et c'est en elle qu'il convient de la lire ou de la découvrir. Le fondement n'équivaut pas à l'essentiel. Le végétatif porte son autre et le rend possible ; ce dernier n'en est pas moins la raison d'être ou la fin de l'édifice.

L'opposant que nous imaginons reviendra sans doute sur la cellule, plus exactement sur l'argument micrographique, mais rappelons que la membrane, loin de tenir le rôle d'une barrière infranchissable et protectrice, n'enferme pas l'unité sur elle-même. Toujours semi-perméable, d'un côté, elle sélectionne ce qui entre en elle, et, d'un autre côté, elle règle ce qui en sort. Elle ne clôt donc rien, au contraire, les échanges ne cessent de fonctionner et c'est la périphérie cellulaire qui participe à eux et les contrôle.

Pour parvenir à nos conclusions, il faut toutefois renoncer à l'approche traditionnelle, à l'examen organologique, c'est-à-dire à la méthode anatomique stricto sensu. Nous ne doutons pas de l'importance de celle-ci : celui qui doit intervenir sur l'organisme doit connaître l'emplacement ainsi que les lignes, les plans, les dimensions des volumes qui le définissent. Mais une biologie intellectualisée, une biologie spéculative n'est pas tenue à ce type d'examen. Il n'est rien de pire qu'une pure et simple description morphologique. Ne nous arrêtons pas au donné, opposons-lui sa propre évolution (l'embryologie) ainsi que la distinction entre ce qui est jugé essentiel et ce qui lui est manifestement subordonné. Différencions. Et nous devenons sensibles à certaines relations ou rapprochements, ainsi qu'à des phénomènes de réitération à l'intérieur de certains fragments apparemment distincts, mais l'existence d'un même chiffre (sorte de signature) oblige à ne plus séparer.

Illustration purement théorique : imaginons que B, un organe, quitte A auquel il était accolé ; il migre au loin, se détache de plus en plus, se rétracte même jusqu'à devenir rudimentaire et seulement vestigial. Nous n'allons pas en rester là : nous parvenons à repérer le fil imperceptible qui continue à les « joindre »... En somme, rien n'a changé, sauf l'emplacement et les proportions ; un simple transfert, assorti d'une diminution, a eu lieu. Écartons, en conséquence, la lecture séparatrice. Par là, nous suivons les recommandations d'Étienne Geoffroy Saint Hilaire, le fondateur de l'« anatomie philosophique ».

Ainsi qu'il l'écrivait « Il arrive qu'un organe prenne un accroissement considérable, l'influence en devient sensible sur les parties voisines qui, dès lors, ne parviennent plus à leur développement habituel... Elles deviennent comme autant de rudiments, qui témoignent en quelque sorte de la permanence du plan général »[1].

☆

Nous allons appliquer cette conception interprétative tant au végétal qu'à l'animal, afin de vérifier, si possible, notre philosophie extérioriste, là où elle n'est pas attendue.

Nous commençons par la plante : elle s'engouffre frénétiquement dans le dehors ; son dedans, si le mot a un sens, ne lui sert que pour cet élancement. Condamnée à l'immobilité par son enracinement, elle est privée de l'essentiel mais, par tous les moyens compensatoires, elle s'étend, s'étale, se déplie, jette ses feux. Tous ses appareils, – tige, feuille, fleur – relèvent de cette ivresse.

Force est d'entrer dans les détails. La racine, parce que souterraine, pourrait échapper à ce débordement, cela pour plusieurs raisons : d'abord elle se développe dans un milieu particulièrement réfractaire, s'opposant à la pénétration et plus encore à la dispersion ; en outre, elle assume la charge de la fixité. Mais, à la mieux étudier, on s'aperçoit qu'elle ne tarde pas, en dépit des difficultés, à se « fasciculer » : il ne lui arrive que rarement de conserver son premier état – celui d'un pivot – parce qu'elle revêt une autre forme, des radicelles naissant à partir de l'axe central et prenant vite de l'importance, ce qui nous vaut rapidement une touffe, un chevelu. Ainsi la plante ne se borne pas à s'enfoncer dans le sol, elle s'emploie en quelque sorte à occuper le plus d'espace possible, sans d'ailleurs compromettre, par un entassement, les parties multiples solidement rassemblées et même jointes.

1. Etienne Geoffroy Saint-Hilaire, citation reprise à Isidore Geoffroy Saint-Hilaire, son fils, dans « *Vie, travaux et doctrine scientifique d'Etienne Geoffroy Saint-Hilaire* », Paris, Bertrand éditeur, 1847, p. 156.

Le plus notable, à nos yeux – et c'est la première caractéristique des trois que nous nous proposons de commenter – est que le seul pivot suffisait à remplir la fonction d'absorption nécessaire à la vie de ce végétal (comme on sait, par endosmose, les sucs de la terre, plus denses, entrent dans la racine jusqu'à ce que l'équilibre liquidien soit établi) mais la plante ne résiste pas à la puissance multiplicatrice qui l'habite ; et d'ailleurs des racines dites adventices viendront vite s'ajouter au collet ou même naîtront le long de la tige, comme si partout étaient visées la luxuriance, l'abondance. Le racinaire finit par déborder et tout envahir (se multiplieront çà et là les poils, les suçoirs, les crampons).

Par notre seconde remarque, nous entendons répondre à la réplique qu'entraîne ce que nous venons d'indiquer : le végétal, à travers ses développements racinaires, absorbera davantage ce que la terre lui réserve ; donc, il satisfait à ses besoins. Il est vain d'en appeler à la frénésie ; mieux vaut expliquer l'augmentation en nombre et la division par l'intensification du nutritif, ainsi que par la recherche de l'humidité.

Toutefois, l'expérience suivante, due à Dutrochet, empêchera cette réponse : « L'expérience dite du pot renversé » a consisté à semer des graines dans un pot à fleurs mais qui a été recouvert d'un fin grillage susceptible de retenir la terre, parce qu'il allait être renversé. Or, la racine ne monte pas dans ce dispositif qui devrait l'attirer ; elle se dirige en bas et ne tarde pas à émerger à l'air et même à la lumière, privée de ce qui devait la nourrir. Et quant à la tige feuillue, elle éprouve les pires difficultés à entrer dans l'obscurité et l'humidité (un géotropisme négatif).

Comment comprendre cette incroyable inversion ? Pour nous, le végétal est comme divisé en deux moitiés : le haut pour les feuilles, le bas pour les racines. Les deux moitiés se correspondent et se ressemblent : l'une est comme l'image de l'autre, rendue par un miroir. Une des preuves en faveur de cet étroit parallélisme nous est fournie par l'existence des tiges souterraines ; ces dernières ne doivent pas être considérées comme des racines, sous prétexte qu'elles sont immergées dans la terre. Plus simplement il arrive que le haut et le bas s'échangent et échappent à nos divisions ou du moins nos habituelles séparations. La parenté des deux moitiés rend compte de ce possible déplacement.

Allons jusqu'au bout : dans l'espace qui lui est réservé, la racine vit son jeu extensif ; elle peut s'y ramifier à l'égal de la tige et de ses multi-branches à l'air libre ; à chacun son milieu et sa fougue, mais que les différences n'occultent pas l'identité !

Troisième remarque justificatrice : la puissance maximalisante de la racine expose l'être du végétal. En effet, le nombre et l'emplacement des radicelles, leur disposition en séries s'avèrent constants mais surtout en liaison directe avec le groupe auquel appartient ce qu'on a semé (le genre, l'espèce, voire la famille). D'ailleurs, les radicelles de premier ordre portent à leur tour celles du second ordre : elles ne suivent pas la même direction que la principale (bien qu'elles s'orientent, malgré tout, vers le bas), tant elles doivent s'écarter les unes des autres pour accaparer le plus d'espace. Ces multi-prolongements inscrivent en quelque sorte dans la terre ce que, de son côté, le dehors, par ses ramifications, exprime. Le développement souterrain connaît toutefois une limite, sinon le racinaire se heurterait à ses proches ; il faut donc réduire l'occupation.

L'opposant à notre thèse verra là, à nouveau, un moyen pour la plante, de mieux exploiter le sol et de puiser en lui les sels utiles. Nous avons déjà contesté cette idée qui réduit le végétal à sa fonction assimilatrice, non pas que celle-ci ne fonctionne pas, mais l'alimentation nous semble subordonnée à cette espèce « d'affirmation de soi », à une énergie qui se dépense et occupe le plus d'espace possible (le principe de l'extensivité). Et ce qui devrait encore confirmer notre point de vue, c'est que la plante, – qu'elle soit semée ou non sur une terre riche – n'en produira pas moins les mêmes radicelles avec les mêmes dispositions (des séries légèrement obliques). Ces poussées racinaires ne sont dictées ni par la situation ni par le milieu ni par un quelconque imprévu : elles affichent dans l'espace l'être de l'échantillon, encore que, à la longue, la régularité constitutive s'estompe un peu, en raison du nombre et d'un relatif encombrement.

Autre objection, ne reconnaissons-nous pas ici l'évidence d'une puissance interne, ce qui désavoue l'hypothèse extérioriste pour laquelle nous plaidons. Mais nous nous contentons d'observer le végétal qui, sous nos yeux, s'étale. Il n'est pas nécessaire de recourir à une force sous-jacente insaisissable : il nous suffit de reconnaître la fièvre de cette « manifestation », ainsi que l'importance de ce qui se situe aux extrémités, de bas en haut. En somme, nous nous refusons à ramener le végétal à ce qui l'entretient (l'absorption) ou à une force dont nous ne connaîtrions que les effets. Ces derniers nous suffisent : ils disent à eux seuls l'exubérance d'une végétalité qui s'affirme et surtout vise la persistance.

Nous ne saurions passer en revue tous les organes ou appareils du végétal, – la tige, les branches, les feuilles, les bourgeons, etc. – ; tous confirmeraient et préciseraient notre thèse. Nous nous en tiendrons, après l'examen rapide du plus bas situé (la racine), à celui du plus haut (la fleur).

Au passage, signalons toutefois que, dans les feuilles, les nervures, qui prolongent le pétiole, ou bien se disposent de façon parallèle et donc ne se réunissent pas (il s'agit alors des monocotylédones, preuve aussi que l'être végétal s'identifie à travers des signes offerts et facilement perceptibles), ou bien se ramifient (nous sommes alors en présence des dicotylédones). Nous assistons toujours à d'immenses répartitions entre les groupes : soit une croissance en longueur, soit en largeur, – ou bien le rectiligne ou bien le sphérique et le réticulé, mais fonctionne toujours la logique de la maximalité. Il convient de ne rien sacrifier et d'user de toutes les occurrences dimensionnelles ou spatiales.

Au sujet de la fleur, nous n'évoquerons que d'un mot la raison d'être de sa forme : souvent les unités apicales se regroupent, parce que chacune d'entre elles tend à gagner le sommet, de là, les capitules, les ombelles, les grappes, les épis, les cymes, etc. Comment ne pas y voir le résultat de la fièvre extérioriste ?

Mais nous rappellerons surtout les ruses auxquelles se plient les plantes en vue de la fécondation croisée qui nous semble réaliser son accomplissement. Darwin se devait d'aborder cette question importante, notamment à propos des orchidées dont on connaît la fleur torsadée, sinon tourmentée, mais les botanistes l'avaient déjà réglée pour l'essentiel, dès le XVIIIe siècle. Le XVIIe siècle s'était employé à accorder la sexualité aux plantes, notamment Camerarius avec son *De sexu plantarum*, publié en 1694, – une sexualité qui, jusqu'alors n'était réservée qu'aux animaux. Mais comment concevoir la fertilisation ? Les végétaux hermaphrodites sont nombreux, réunissant dans la même corolle les étamines et le pistil, de là, une fécondation directe quasi inévitable (le soi par soi). Toutefois, en dépit de cette proximité « mâle-femelle » ils refuseront cette éventualité, tant ils rejettent une physiologie close sur elle-même, c'est-à-dire l'enfermement.

Comment alors échapper à ce que la morphologie leur impose ? Parfois, il est vrai, – ce qui ne résout pas le problème, bien qu'il en sorte diminué – les organes de la reproduction se trouvent sur la même plante, mais espacés, – le pistil sur une fleur, les étamines sur une autre ; il s'agit d'un hermaphrodisme d'un autre genre, moins accentué que le précédent. Nous devons même admettre une troisième éventualité, celle de plantes monoïques, parce que mâle et femelle sont implantés sur des arbres ou végétaux différents, parfois même éloignés, jusqu'à rendre aléatoire et incertaine la moindre liaison et donc courir le risque de la stérilité. N'excluons pas les situations embrouillées, le mélange des genres, tel celui que signale Charles Bonnet, dans sa *Contemplation de la nature*. « Sur le même individu, sur la même branche se trouvent des fleurs hermaphrodites et des fleurs femelles » ; cette étonnante réunion répond à une nécessité comme nous le verrons ultérieurement.

Ce que nous devons retenir, c'est que le végétal a réussi une double stratégie : d'abord, il parvient à entraver l'inéluctable ; à cet effet, pistil et étamines ne mûrissent plus en même temps ; à défaut d'un décalage dans l'espace, la plante l'institue dans le temps. Il faut, à tout prix, empêcher le soi par soi. Ou encore, autre ruse, le pistil s'élève plus haut que les étamines, et de ce fait, échappe à leur influence

Il ne suffit pas d'interdire : comment désormais unir ce qui a été disjoint et alors que les participants à ces noces – et quelle orgie, d'ailleurs – sont cloués au sol ? Comme on le sait, le vent y pourvoit : d'importants nuages de pollen sortent des étamines et volent au loin. De leur côté, les insectes s'emparant du nectar sécrété au fond de la corolle transportent avec eux et disséminent les grains fécondants. Charles

Bonnet ajoute l'homme parmi les vecteurs ou du moins les médiateurs entre les plantes séparées. « Une pratique très ancienne dans le Levant aurait dû conduire beaucoup plus tôt nos botanistes modernes à la belle découverte du sexe des plantes. On sait que le Palmier est de la famille des plantes chez lesquelles il est des individus mâles et des individus femelles. La datte ou le fruit du palmier est la principale nourriture des habitants de quelques contrées du Levant... Dans cette vue, les gens de la campagne vont ramasser les fleurs qui naissent sur les palmiers mâles ; ils les attachent aux branches des palmiers femelles ou en secouent les poussières sur les grappes de ces derniers »[1]. Et quant au couplage « fleurs hermaphrodites avec fleurs femelles », à suivre Charles Bonnet, il ne naît ni d'une erreur ou d'une bizarrerie de la nature, ni même d'un mélange des genres mais, au contraire, signe un moment décisif, le passage d'un système refusé (le quasi-inceste) à un autre. Comme la fleur hermaphrodite va droit à l'échec génératif, la femelle adjacente va s'évertuer à profiter du pollen inemployé : elle prend la place de celle qui, au fond de la corolle, ne peut pas être fécondée. Le nouveau se lève au cœur de l'ancien.

Darwin nous aide à tirer notre conclusion : « La nature, selon lui, nous dit de la manière la plus éloquente qu'elle a horreur de la fécondation de soi par soi perpétuelle... Conformément à la croyance générale des éleveurs de nos races domestiques, les alliances entre parents ont quelque chose de nuisible, quelque grand avantage inconnu résulte de l'union entre individus séparés pendant de nombreuses générations »[2]. Effectivement le vivant gagne à ne pas se clore sur lui-même ; il renonce à l'autofécondation (l'insularité) bien qu'elle lui soit quasiment imposée. C'est donc bien à son sommet (l'ultra-périphérie) que la plante se concentre et se renouvelle. La sexualité végétale devrait valider nos conclusions extérioristes : nous soulignons à nouveau que le reste de la plante (l'absorption, la respiration, la sécrétion, la circulation, etc.) rend possible la fonction première, celle de la reproduction, le vrai indéraci-

1. Charles Bonnet, *Œuvres Complètes*, Neufchâtel, 1781, t. VII, pp. 329-30.
2. Charles Darwin, *De la fécondation des orchidées par les insectes et des bons résultats du croisement*, trad. L. Rérolle, Paris, 1870. pp. 339-40.

nable. En somme, racine et tige servent aux branches puis aux fleurs, celles-ci s'achèvent dans le fruit et lui-même par la graine assure à l'être ce qu'il vise, la perpétuation et la dissémination grâce à sa périphérie fécondante.

☆

Avec l'animal, que nous devons examiner rapidement, mais sous le même angle – celui d'une biologie affranchie de l'« anatomie descriptive » ainsi que du préjugé en faveur des structures de la profondeur viscérale – nous pouvons croire à une notable exception : n'est-il pas coupé de son environnement, tellement retranché en lui qu'il n'existe alors que pour lui ? N'est-ce pas avec lui les commencements du « soi » et l'apparition consécutive d'une proto-conscience qui signe justement l'intériorisation ?

Sans revenir sur la notion de « milieu intérieur », dont nous avons tenu à réduire l'importance, il est sûr qu'à examiner globalement la bête, nous discernons en elle de très faibles ouvertures (la bouche, les oreilles, le groin, les yeux) dans une sorte de cuirasse résistante et ininterrompue : celle-ci va jusqu'à la coquille, les écailles, voire l'épaisse fourrure. Ne devons-nous pas noter ici l'importance de l'enfermement, alors que nous croyions tenir cette structure pour peu caractéristique et même non-indicatrice de la vitalité ?

Nous concevons tout autrement l'architecture de l'animalité, nous éloignant de l'image traditionnelle, celle du repliement et du recouvrement, pour plusieurs raisons. Et d'abord prenons en compte la principale révolution qui a secoué les agencements organiques et confirmé la méthode franchement extérioriste : le dehors animal, compact et tenace, a viré au-dedans et, par voie de conséquence, a dû prendre la place de ce qu'il remplaçait. Au départ, l'osseux ou ses équivalents protecteurs enveloppait le corps ; ainsi l'insecte habitait à l'intérieur de la vertèbre : nommons-le l'invertébré, celui qui vit dans (in) la vertèbre, mais cette solution s'est avérée la moins guerrière, la plus dangereuse parce que la moins préventive. Elle ne permet que la défense, en raison de la lourdeur et de la quasi-impossibilité de la mobilité ; elle prive l'animal de ses vraies armes. En toute hypothèse, l'encapsulé (l'emprisonné) n'est pas alerté des périls qui le menacent ; il n'existe que dans l'hébétude et la stupeur (la surprise). L'inversion structurale (du pour au contre) a consisté à se sensibiliser au monde et à l'avance, ainsi qu'à adosser les tissus sensibles au système osseux désormais enfoncé lui-même à l'arrière. L'épineurien succède à l'hyponeurien, tellement barricadé que son armure le gêne plus qu'elle ne le sert. Mais pourquoi cette néo-nomenclature ? C'est que le renversement organologique s'accompagne d'une autre transformation : le retournement libère les fibres nerveuses qui, jusqu'alors, s'étiraient sous la vertèbre ; leur développement s'arrêtait au sommet, les mandibules en bloquant la croissance. Dorénavant, le système nerveux va être disposé au-dessus ou en haut ; de ce fait, il pourra se prolonger et bientôt former une masse décisive (le cerveau et ses enroulements). L'animal évolué devient « épi » (sur) et non plus « hypo » (sous) ; il échappe à ce qui le bornait. De cette sorte de « tête à queue », nous retenons que la surface, loin d'envelopper, comme beaucoup le croient, constitue l'essentiel de la vitalité, son coup de maître, parce qu'elle détient les éléments de base de la sensibilité et qu'elle nous avisera, à l'avance, de ce qui nous attend ou nous menace ; parallèlement, s'amorce aussitôt l'obligation de la motilité : ou bien avancer, ou bien s'enfuir. C'est à la jointure du milieu et du vivant que se joue le drame de l'existence. Et le dedans de l'ex-dehors permet le dehors de l'ancien dedans : l'animal est né de cet échange, une vraie révolution. La bête évoluée en devient un système de détection et d'enregistrement, mais le digestif comme l'osseux en sortent diminués, de même que tout ce qui touche à la circulation, aux sécrétions, à la respiration, à l'excrétion.

Nous ne devons surtout pas décrire les appareils les uns après les autres, mais nous devons les hiérarchiser et repérer les larges territoires en lesquels ceux-ci se distribuent et s'organisent. Les maîtres de la biologie architecturée n'ont donc pas manqué de distinguer deux provinces, deux sous-ensembles, – le végétatif d'un côté, l'animal proprement dit de l'autre. Ils en ont même isolé un troisième, le génératif : ce dernier n'aurait plus de rapport avec l'individu, selon eux, mais toucherait à l'espèce ; son rôle commencerait d'ailleurs lorsque les deux premiers auraient été mis en place et s'éteindrait avant qu'eux-mêmes finissent. Nous ne sommes pas favorable à ce découpage, à l'isolement du troisième, persuadé que des liens subsistent entre tous.

Buffon, aussi bien que Cuvier ou Bichat ou Vicq d'Azir, pour nous en tenir à eux, ont trouvé le critère qui permet les justes divisions ou la reconnaissance des frontières : le végétatif, situé au centre, se remarque par son action incessante, quand l'autre vie, l'animale, connaît des temps d'arrêt ; le sommeil ne manque pas de tomber sur la sensorimotricité. Ainsi Buffon le retient comme critère : « Nous pouvons distinguer dans l'économie animale deux parties, dont la première agit perpétuellement, sans aucune interruption et la seconde n'agit que par intervalles... Si nous imaginons des êtres auxquels la nature n'eût accordé que cette première partie de l'économie animale, ces êtres, qui seraient privés de sens et de mouvement progressif, ne laisseraient pas d'être des êtres animés, qui ne différeraient en rien des animaux qui dorment. Une huître, un zoophyte, qui ne paraît avoir ni mouvement extérieur sensible, ni sens externe, est un être formé pour dormir toujours »[1]. Bichat ne manquera pas de reprendre ce thème qu'il amplifie : il oppose « la continuité d'action dans la vie organique » à son intermittence dans la vie animale. « Considérez chaque organe de la vie animale dans l'exercice de ses fonctions, vous y verrez constamment des alternatives d'activité et de repos, des intermittences complètes et non des rémittences, comme celles qu'on remarque dans quelques phénomènes organiques »[2]. Il n'est pas que le sommeil qui permette la séparation : l'activité, par son style même (continue ou non) y pourvoit.

Autre critère souvent perceptible : la vie animale connue pour son habileté s'est construite sur la « bilatéralité », en ce sens que tout ce qui relève de son règne s'est divisé – la droite et la gauche symétriques et

1. Buffon, *Discours sur la nature des animaux*, in O.C., (par le Comte de Lacépède), 1818, t. V, p. 539

2. Bichat, *Recherches physiologiques sur la vie et la mort*, 3e éd., 1805, p. 35.

égales. Pourquoi cette rigoureuse scission ? Parce que chaque moitié assume une fonction complémentaire de l'autre ; dans ces conditions, la réponse à un stimulus en sortira enrichie. Parfois la segmentation dépasse la dualité : les doigts de la main en fournissent le meilleur exemple. Mais le principe de base veut qu'avec un seul bras nous ne puissions pas subtiliser nos gestes ni réussir l'acte visé ; mais, avec les deux opposés, tout change : l'un peut tenir et offrir à l'autre ce que ce dernier modifiera. Joue la coopération. Il va en résulter chez Bichat des développements destinés à montrer que le végétal (ou le végétatif) lorsqu'il semble admettre le clivage en deux parts, n'obéit pas au principe de la vraie division : l'un des deux fragments l'emporte sur l'autre, soit par sa longueur, soit par son épaisseur soit même du fait de sa position ou de sa direction. Ainsi, les deux poumons (comme d'ailleurs les deux reins ou les glandes salivaires) ont beau connaître le dédoublement, Bichat n'en relève pas moins que chacun d'eux frappe par sa différence. « L'appareil respiratoire, – écrit Bichat – paraît au premier coup d'œil exactement régulier ; cependant si l'on remarque que la bronche droite est différente de la gauche par sa longueur, son diamètre et sa direction, que trois lobes composent l'un des deux poumons, que deux seulement forment l'autre, qu'il y a entre ces organes une inégalité manifeste de volume… nous verrons que la symétrie n'était ici qu'apparente et que la loi commune ne souffre point d'exception »[1]. Il ne suffit pas de se présenter comme sectionné : les deux sous-ensembles ou les paires d'organes doivent souscrire à plusieurs conditions pour mériter la dualité indicatrice de l'animalité, dont l'égalité à tous les niveaux, la symétrie et le positionnement ; nous devons aussi apercevoir les avantages d'une telle opération (l'entraide plus encore que la suppléance). La vie animale échappe donc à l'uniformité et surtout à l'indistinction, alors que le proto-organisme repose sur le sphérique ou le centralisé ou le rayonnant ou le réticulé ; avec lui, nous sommes mis en face d'un ensemble irrégulier et insécable.

La biologie structurale et philosophique reconnaît que la parti-

1. Bichat, *Recherches physiologiques sur la vie et la mort*, Imprimerie de Marchant, 3e éd., 1805, p. 11.

tion en deux – indice de l'animalité évoluée – s'observe aisément et que la nature nous aide à la détecter. « La peau ne nous présente pas toujours des traces visibles de cette ligne (la ligne médiane) mais partout elle est supposée. La nature, en oubliant pour ainsi dire de la tirer, plaça d'espace en espace des points saillants qui indiquent son trajet. Les rainures de l'extrémité du nez, du menton, du milieu des lèvres, l'ombilic, le raphé du périnée, la saillie des apophyses épineuses, l'enfoncement moyen de la partie postérieure du cou forment principalement ces points d'indication »[1]. Remarquons que le vrai anatomiste, – le philosophe anatomiste – se borne à observer et à lire ; il ne se livre pas à la dissection sanglante qui isole (faussement) les appareils, à tel point que la physiologie devra essayer de rétablir tous les liens qui auront été brisés.

Nous nous attachons d'autant plus à la périphérie que, selon nos philosophes, celle-ci inscrit en elle la profondeur ; elle la reflète tellement qu'elle nous permet de l'énoncer sans qu'on doive la sortir de son ombre ou de sa nuit : *ex ungue leonem*. Dans le vivant, tout coopère, tout se correspond et s'implique. Ne multiplions pas les examens directs qui pourraient, au contraire, nous induire en erreur ; on se perd alors dans la facticité et on risque d'accorder du poids à la malheureuse séparation des uns et des autres. Si l'extérieur captatif, par exemple, s'est intensément développé (des griffes, des dents, un bec, une trompe, etc.), l'estomac qui achève l'assimilation devra en être réduit d'autant. Buffon, avant Bichat, excella, à partir de la surface, à induire tout le reste, ce qu'une autopsie éventuelle pourra confirmer.

Reviendra sans doute la même remarque : le cerveau travaille à l'intérieur de sa boîte osseuse, le cœur qui bat est logé sous le sternum, etc. Il n'est rien qui ne soit protégé et encapsulé. L'animal aurait dépassé une végétalité offerte et luxuriante, dépliée. Il s'est comme enroulé sur lui-même.

C'est encore oublier que le dehors suppose un dedans qui, en effet, le conditionne ; il fournit les bases indispensables à ce qu'il entretient, mais la vitalité n'en habite pas moins à la lisière entre le monde et

1. Bichat, même ouvrage, même édition, p. 9.

l'organisme évolué. La sensation y tient le rôle principal et en alimente la cérébralité. Nous lions les deux, l'embryologie nous y conduisant car toutes deux, – la sensorialité et la cérébralité – dérivent du même feuillet. Observons, puisque la méthode le veut, que tous les organes des sens sont regroupés non loin du cerveau qu'ils encerclent, à l'égal de quasi-sentinelles : les yeux, les oreilles, la bouche, le nez.

Et pourquoi renâcler devant cette présentation ? C'est que la vie ordinaire la disqualifie dans la mesure où tout nous est fourni dans une enveloppe qui ne sert qu'à « emballer » ou à préserver : la nappe de la table, la housse du fauteuil, le globe sur l'horloge, la tenture au mur. Tout nous est donné à voir empaqueté (l'utilité, l'abri) mais le vivant se doit d'échapper au sort de la marchandise morte. Partout Buffon nous rassure et nous montre le chemin. « Nous verrons, écrit-il, que les plus grandes différences entre les animaux sont aux extrémités et que c'est par ces extrémités que le corps de l'homme diffère le plus du corps de l'animal… En prenant le cœur pour centre dans la machine animale, je vois que l'homme ressemble parfaitement aux animaux par l'économie de cette partie et des autres qui sont voisines, mais, plus on s'éloigne de ce centre, plus les différences deviennent considérables et c'est aux extrémités où elles sont les plus grandes »[1].

☆

Nous avons usé de trois arguments : le renversement de l'hyponeurien (en épineurien), la dualité exigée, la transcription du registre intérieur dans l'extérieur, tous étant destinés à empêcher de comprendre la vie comme ce qui loge au centre, alors qu'elle se livre principalement sur sa périphérie. Le végétal et l'animal ont semblé le confirmer. Pour achever de consolider cette conclusion, il nous suffira d'évoquer de quelques mots ce qui a trait à la sexualité.

Darwin l'a particulièrement étudiée. Nous sommes frappé d'en-

1. Buffon, ouvrage cité, p. 541.

trée de jeu, par le fait suivant : l'animal, quelle qu'en soit l'espèce, doit attirer sur lui l'attention de son futur partenaire. La surface corporelle devra se singulariser de quelque manière. Darwin en a exposé les signes – de là, une véritable signalétique – avec d'autant plus de précision qu'il a déjà recensé ceux qui plaident en faveur des variations les plus minimes, grâce auxquelles il édifiera la théorie de l'évolution (les moindres plis, les crêtes, les raies, les saillies, les pigmentations, il n'est rien qui lui échappe et à quoi il ne reconnaisse un sens). Un drame toutefois va aussitôt se lever : la bête doit séduire et surtout écarter ses rivaux, à cet effet, se colorer ou parader, donner dans le plus d'excentricité, ce qui annonce l'ardeur. Mais une telle rage ornementaliste, la folie éventuelle de l'exubérance s'oppose à la sécurité ; la « voyance » facilite le repérage ; le carnassier y gagne. Comment sortir de ce cercle ? Faut-il accepter le risque de la dévoration par le plus fort ou bien renoncer aux avantages de la victoire dans la compétition sexuelle ?

Darwin va nous montrer comment la vie a trouvé le moyen de tourner la contradiction : les papillons, par exemple, déploient de grandes ailes mouchetées que remarquent les oiseaux (les prédateurs) ; ceux-ci les piquent alors qu'ils ne touchent pas à l'insecte minuscule et noirâtre. Un piège a donc été tendu : les « à-côtés » ont été intensifiés ; ils retiennent la fureur de l'animal-ennemi, bref, on a su réserver une part au feu. Certains papillons usent d'une autre stratégie : d'abord ils se modèlent sur le milieu (le caméléonisme) où ils se posent ; par là, ils échappent à leurs poursuivants, mais ils incluent aussi dans leur nouvelle parure quelques marques propres aux ennemis de leurs ennemis. Ils se distinguent en même temps qu'ils sont épargnés. Ils séduisent la femelle avec le moyen par lequel ils repoussent leurs adversaires.

La plupart des animaux ont eu recours à une ruse plus assurée du succès : ne plus tabler sur la couleur ou un certain exhibitionnisme, mais se livrer seulement à des gestes étranges, encore que silencieux (danser, pirouetter, tourner, etc.). La femelle est attirée par une telle pantomime. Ainsi la surface parvient à sortir de l'anonymat, sans que soit favorisé le repérage par les ennemis.

Il est vrai aussi que l'animal s'est parfois contenté, au lieu de résoudre le problème, d'en atténuer l'importance : ainsi le « temps des amours » (et donc celui des attraits) a été singulièrement réduit ; l'un des deux du couple connaîtra l'obligation de la transformation dimensionnelle ou chromatique ; il s'ensuit un avantageux dimorphisme : ne multiplions pas les risques ! Il importe encore de borner à une seule la distinction avantageuse : l'oiseau chanteur ne s'ornera pas et réciproquement. A quoi bon les excès ou la multiplication des signes, puisqu'ils contiennent souvent en eux un réel danger ?

La preuve nous est donnée selon laquelle la compréhension de la vie, son véritable drame se joue dans le minimal, l'insignifiant et surtout le visible, puisque la moindre irrégularité directement saisissable s'avère déterminante : les modifications de base, celles qui assurent la perpétuation de l'espèce, touchent le cutané, à moins qu'on ne veuille retenir le chant.

Reviendra la réplique de ceux qui n'acceptent pas facilement tout ce qui relève de la philomorphie ou du superficiel ; ils jugent inquiétante notre conclusion : le rejet de l'en deçà, la fin ou l'échec d'une philosophie de la profondeur. Mais il n'y a rien derrière le miroir : restons-en aux apparences indicatrices de tout le reste.

☆

Après la plante, l'organisme animal nous semble rentrer dans notre système catégoriel : il ne se retranche pas sur lui ni ne s'enroule mais réussit à s'imprimer sur sa surface, là où nous devons apprendre à le lire.

Pour faire bon poids, rappelons que nous n'avons pas suivi la plupart des théories pathologiques dans la mesure où elles n'accordaient pas assez au cutané, alors que bien des affections se repèrent sur celui-ci. S'il faut admettre des exceptions, elles ne doivent pas servir à obscurcir ou troubler la conclusion première.

Les théoriciens du corps ont été trop accaparés par des discussions, à nos yeux, secondaires, - par exemple, le poids du mécanisme ou le recours à la finalité, afin d'expliquer ses exploits. Le plus décisif, celui qui devance les autres, a consisté, pour cet organisme, à se dédifférencier, à élaborer une seconde vie, – celle de la sensibilité, située par nécessité à la périphérie, escortée de la réponse motrice – une vie branchée sur la première, la végétative sourde, automatisée, fonctionnant toujours de la même manière. Bref, la profondeur en recule ou du moins en perd de son importance.

CHAPITRE II

La défense du contenant

Le titre et surtout le contenu de ce chapitre pourront soulever, sinon l'indignation, du moins la moquerie : le philosophe que nous voulons être donne dans le « de minimis », descendant vers le bas, l'ultra-prosaïque, l'ustensilaire, voire le vulgaire : une casserole, un vase quelconque, une poêle à frire.

Nous n'excluons pas, il est vrai, que la philosophie se soit perdue, non pas à descendre ce chemin mais à emprunter l'inverse, en direction du nuageux, de l'indéterminé ou du seul précieux. Francis Ponge déjà soutenait que la littérature ne se renouvellerait que par la prise en compte de l'insignifiant ; et lui-même n'hésita pas à composer des textes (des poèmes en prose) magnifiant l'édredon, la boue, la lessiveuse, la cheminée d'usine, etc.

Un objet, fût-il le plus ordinaire, répond à son usage qui s'inscrit en lui, mais, outre cette commodité, il incorpore aussi à ses lignes ce que nous remarquons moins, – du symbolique, des préférences morphiques, un multi-tatouage probable, une ruse technique, voire une dramaturgie sociale. Son principal mérite, son essence consiste en ce qu'à travers lui l'homme puisse traduire et exercer son imaginaire, ses goûts, ses désirs. Nous ne retirerons rien d'un examen appesanti de nous par nous et sur nous : l'homme ne se connaît et reconnaît que dans ce qu'il fabrique ou aménage. Ainsi l'homo faber triomphe déjà dans le bâton qui prolonge son bras et le remplace avantageusement ; il nous faut donc nous soucier de ces modestes commencements, d'autant que l'avenir s'ébauche en eux. Avec une tige, nous ne pouvons rien saisir vraiment, mais nos ancêtres ont su lui adjoindre un fil – ce qui confère à l'ensemble de la flexibilité, sans compter l'élongation – et aussi, à son extrémité, un hameçon, sur lequel sera agrafé un leurre. La canne à pêche permettra la saisie de poissons que nos mains ne pouvaient pas retenir. Il s'agit là d'un dispositif assez pauvre, encore qu'habile et efficace. L'homme se signale et se manifeste par ses ruses et surtout par les instruments qui les permettent. L'ingéniosité se lit donc dans de tels montages, c'est-à-dire dans l'« extériorité ».

La séparation du noble et du commun, la distinction du pur et de l'impur non seulement annoncent un dangereux dogmatisme mais aussi une fâcheuse propension à éliminer ce qu'on tient pour médiocre et sans valeur. Pourquoi le sophistiqué, l'inutile devraient-ils l'emporter ? Ne recommence-t-on pas le Platonisme qui, dès le début, avait consacré ce partage entre le pondéreux et l'idéel, le lourd et le subtil, le contingent et l'invariable, le sale et le propre ?

A l'inverse, nous nous proposons de réfléchir, non pas sur ce qui est tenu pour « transcendant » et digne, pas même sur les outils libérateurs ou encore les ustensiles de la quotidienneté, mais seulement sur une catégorie spéciale de notre attirail domestique, bref, sur le plus infime et le plus négligé, – les contenants, ce qui entoure et donc protège les contenus, tant les liquides que les fragiles. Pourquoi la défaveur les concernant ? Bien qu'objets, ils ne servent que les objets ; eux-mêmes, se caractérisent par le « vide » ; ils sont dépourvus en quelque sorte de tout contenu.

Les anthropologues ont admis eux-mêmes deux catégories générales pour nos pièces d'usage : celles qui portent les personnes (la chaise, le lit) ou des corps quelconques (la console, la table, etc.) ou celles qui enferment ou même encapsulent (la coupe, l'armoire, le buffet, la jarre). Par notre analyse, nous nous intéressons à ce dernier groupe. Et pourquoi, de notre part, un tel choix ? Parce que l'enveloppe, ce qui enrobe,

– qu'elle soit de bois, de carton ou de verre –, se situe, par principe, dans la partie la plus extérieure, la pelliculaire même, à l'interface entre le milieu et ce qui en est retiré. Or nous poursuivons un dessein de philosophie extériorisante, espérant montrer que le plus décentré ne mérite ni l'éviction (je brise vite l'empaquetage) ni le mépris (ce n'est qu'un entourage). Nous prenons là une direction qui peut conduire à des excès mais il est bon que le philosophe puisse aller jusqu'aux notions-limites, aux frontières, afin de mieux repérer son territoire et d'éviter ainsi le repliement sur soi.

Nous admettons sans peine que nous allons loin, sans doute même trop loin : l'objet, en général, se caractérise par sa composition, ce qui peut entraîner une facile déliaison, voire la brisure ou tout au moins une rapide usure qui frappe le moins robuste, quand résiste la partie solide. Il n'est pas comparable à un bloc, il est fait de morceaux ; il résulte donc d'une juxtaposition bien agencée ; il ne peut atteindre, en principe, à la « substantiation ». Les philosophes l'ont souligné, en même temps qu'ils reconnaissaient au sujet « l'unité, la complétude, la simplicité ».

Nous ne pouvons donc pas espérer la confusion ou plutôt l'identification de ces deux règnes et mettre au compte de l'objet la consistance, l'homogénéité et l'intime solidarité entre éléments, ce qui ne convient qu'au sujet. Il importe de respecter les profonds partages. Le dehors de l'objet – deux fois extérieur (extérieur d'abord comme tout objet, mais extérieur une seconde fois puisque nous avons décidé de retenir principalement sa surface, son pourtour) ne saurait prétendre aux qualités majeures : c'est cependant ce que nous voudrions mettre en évidence, du moins pour les plus élaborés d'entre eux.

Les gestes de la vie ordinaire ne favorisent pas cette possible réhabilitation : ne faut-il pas « éplucher » les légumes, les débarrasser de ce qui les emprisonnait, ouvrir les gousses, peler les fruits, briser les coques ? Nous ne cessons pas de dégager, de dégarnir, de libérer. Mais nous n'ignorons pas que le riz décortiqué priva les consommateurs d'une vitamine telle que ceux-ci allaient mourir du « béri-béri » ; il faudra compenser cette pratique éliminatrice par des ajouts qui rétabliront l'équilibre de la ration alimentaire. Le pelliculaire des légumes et des fruits contient souvent le plus précieux : ne cédons pas à l'idée selon laquelle l'écorce ne sert qu'à isoler, alors qu'elle participe à la salubrité comme à la vitalité de ce qu'elle recouvre.

Pierre Janet, qui étudia les conduites premières, devait largement entrevoir la question qui nous préoccupe, bien qu'il l'ait abordée par un autre biais et pour d'autres raisons : il ne prend pas en compte les enveloppes, mais plutôt les « contenants » ou les réceptacles, particulièrement le « panier » qui permet de rassembler et non moins de transporter le minuscule, tout ce qui ne connaît que de faibles dimensions. Ce contenant substitue l'unité à la multiplicité ; il autorise notre emprise sur les choses, dont nous ne pourrions pas vaincre, sans lui, la prolifération.

Plus encore, selon Pierre Janet, cet outil porteur subsiste après les opérations qu'il a rendues possibles, aussi bien la collection (ou la récolte) que le déplacement : il fonctionne, à nouveau, d'où sa constance, alors qu'en règle générale les objets courants s'usent vite et surtout se consomment. Ce qui les réunit durera plus longtemps, par là, il ajoute à ses mérites. Toutefois – notons-le – ce récipient ne noue aucun lien avec ce qu'il regroupe ; et le décalage entre le « réunissant » et ce qu'il concentre, même s'il est particulièrement avantageux (ne joue pas une adhérence qui rendrait inutilisable le « contenant ») ne va pas sans quelques inconvénients : ou bien nous devons admettre un récepteur insuffisamment rempli (et parfois les petites unités rassemblées se presseront les unes contre les autres, se heurteront dans leurs mouvements, ce qui les endommagera) – ou bien les éléments s'avèrent si volumineux qu'ils ne peuvent trouver place, en vue de leur transport. La disjonction nous obligera à recourir soit à des contenants plus réduits soit à de plus vastes, sans doute aussi de plus robustes.

L'essentiel de l'opération de portage ne réside pas dans le manque de liaison entre le contenant et le contenu mais dans le fait que, si le « récepteur » réussit l'inclusion (le ramassage), il permet tout autant la sortie. Ce qui était comme enfoui en lui le quitte sans peine : fonctionne ici le double jeu de la fermeture et de l'ouverture, celui du regroupement et celui de son contraire, la désunion ou la séparation. Le même admet l'aller et retour, la réversibilité.

Nous nous hâtons de le mentionner : ou bien, dans l'objet, le dehors et le dedans ne coïncident pas, ou bien ils sont inséparables ; et nous ne cachons pas que ce dernier cas définit ce que nous privilégierons, encore que l'homologie que nous souhaitons entre la superficie et la profondeur soulève une grave objection, celle qu'a développée Gaston Bachelard : à juste titre le philosophe a préféré le décalage, tant il devait reconnaître l'obligation et donc l'importance d'un « espace d'intimité », un espace susceptible d'abriter, dans ce qui enferme, surprises et surtout secrets. « L'armoire et ses rayons, le secrétaire et ses tiroirs, le coffre et son double fond sont de véritables organes de la vie psychologique secrète... Ce sont des objets mixtes, des objets-sujets. Ils ont, comme nous, par nous, pour nous, une intimité »[1]. Et lorsque nous ouvrons « les coffres, tiroirs et armoires » en effet, nous nous attendons toujours à en tirer l'inattendu, le profond et l'inconnu. Si nous savions d'avance ce que nous allons découvrir, nous manquerions à l'esthétique du caché. Ne nous faut-il pas, dans ces conditions, prévoir les deux registres, celui du surfacial et celui de l'intériorité ?

Pourquoi nous obstinons-nous à avantager une certaine similitude entre le haut et le bas, entre le dehors et le dedans, pour notre domo-esthétique qui se préoccupe de la constitution du plus prosaïque et du plus ordinaire (le réveille-matin, la coupe, la cruche, etc.) ? C'est que nous pensons que, dans ou pour l'objet zénithal, ne doit s'introduire aucune fracture ni division ; partant, son extériorité, si elle n'équivaut pas à son intériorité, la laisse au moins entrevoir. Ne murons pas, jusqu'à l'emprisonnement, le moindre appareil et de telle façon qu'il ne communiquerait plus avec ce qu'il recèle ! Il est donc vrai qu'on doit pouvoir, à travers sa pseudo-clôture, satisfaire le désir de connaître et d'éprouver ce qu'il détient : d'ailleurs aucun de nos contenants n'est privé d'ouvertures, ce qui facilite l'entrée en lui, donc l'exploration et la découverte. Nous prévoyons – pour le coffret, le flacon, l'étui –, une

1. G. Bachelard, *La poétique de l'espace*, P.U.F., 1957, p. 83.

double morphologie soudée, celle de la conservation et celle de la révélation ; nous sommes attachés aux deux, celles qui « gardent » et celles qui livrent. De même, pour la demeure, autre et plus vaste contenant, nous ne risquons pas d'oublier la place de la « porte » : selon Gaston Bachelard, elle schématise deux possibilités fortes : « parfois la voici bien fermée, verrouillée, cadenassée. Parfois, la voici ouverte, c'est-à-dire grande ouverte... On dirait toute sa vie, si l'on faisait le récit de toutes les portes qu'on a fermées, qu'on a ouvertes, de toutes les portes qu'on voudrait rouvrir »[1]. D'ailleurs les notions de dehors et de dedans ne conviennent pas, puisqu'elles signifient la séparation ici récusée ; elles marquent trop la césure, alors qu'elles gagnent à se conjuguer ou à se fondre, du moins dans les cas les plus réussis.

De nombreux théoriciens ont pris en compte « l'objet », sachant que le sujet se découvre en lui (et avant que l'individu ne le désire, il l'avait déjà séduit) mais ils n'ont peut-être pas assez insisté sur son fonctionnement ni sur son statut ni sur son évolution.

Nous nous attacherons à certains d'entre eux – les englobants – qu'on pourrait croire les moins symptomatiques et les plus excentrés, alors qu'ils frapperont tant par leur variété qu'en raison de l'unité entre eux et ce qu'ils enferment. Avec eux, tombe l'idée d'un objet facilement dissociable et seulement rassembleur. Les plus enveloppants autorisent une lecture de certains aspects du dedans dans leur dehors ; et parce que ce dehors ne se sépare pas de ce qu'il retient en lui, nous évitons la dualité qui fracturerait ou affaiblirait l'union.

Nous y insistons parce que l'objet, abusivement disqualifié, en règle générale par la philosophie, lui donne ici une belle leçon. Le théoricien renonce au sensible, aux instruments qu'il juge aliénés à leur fonction ; il entend aller au-delà, vers le transcendant, sinon même vers ce qu'il nomme l'être, mais il n'évite pas, chemin faisant, la faute majeure, celle de céder aux « scissions ». Par la suite, on ne parvient plus à réassortir ou à relier ce qui aura été divisé. Le théoricien sombrera dans les

1. Gaston Bachelard, *La poétique de l'espace*, Chapitre IX – La dialectique du dehors et du dedans, P.U.F., 1957, pp. 200-1.

pires apories, la plus connue opposant l'âme et le corps. « Je donne raison aux artistes, plus qu'aux philosophes du passé, écrit Nietzsche. Ils ont aimé les choses de ce monde, ils ont aimé leur sens »[1]. Le moindre objet et plus encore ceux que nous avons retenus (les englobants) nous protégeront contre le risque de la cassure ; avec les plus élaborés, le fond se pressent à travers leur extérieur (l'apparaître). Nous écartons le dangereux dualisme.

C'est pourquoi nous distinguons ces réussites du simple « emballage » privé de relation avec ce qu'il enferme, le plus souvent même mensonger. Il va assez de soi que la caisse – qu'elle soit de bois, de carton – dans laquelle nous plaçons le fragile ou le multiple ne saurait appartenir à ce qu'elle entoure ; elle supplée seulement – et du dehors – à la faiblesse de ce que nous disposons en elle. Nous ne louerons par la suite que ce qui s'identifie avec ce qu'il protège, bien que situé seulement sur son pourtour. La boîte se sépare, à l'évidence, de ce dont elle permet le transport ou la protection, parfois même la dissimulation. Ne joue ici que la seule commodité. Le fait de la déhiscence ne suffit pas toujours à inférioriser, ainsi le vêtement que nous portons et que nous quittons (l'habillage lui aussi nous isole et nous entoure, il nous emballe même) ne ressemble en rien à ce qui enferme un produit, telle la boîte : il reste lié à la personne tant il lui convenait. S'il s'en détache facilement, il n'en conserve pas moins des liens avec elle, à tel point qu'il ne devrait pas s'appliquer à un autre (en principe du moins). Il garde des traces de celui ou de celle qu'il ceignait.

☆

L'enveloppement – un apparent dehors qui entoure le dedans, en même temps qu'il nous laisse entrevoir celui-ci (il ne signifie pas, dans le meilleur des cas, l'étouffement, ni même la dissimulation) – nous semble une opération philosophique et catégoriale majeure, bien que

1. Nietzsche, *Œuvres complètes*, Gallimard, tome II, p. 320.

nous nous proposions de l'examiner sous un angle réduit, minimal, en quoi il perdra son ampleur, à travers le sachet, l'étui ou le flacon.

Nous tenons un tel dispositif pour majeur parce qu'il n'est rien, dans notre univers, qui ne s'y rapporte. Notre maison déjà l'illustre : elle ne manque pas d'ailleurs de portes et de fenêtres qui nous ouvrent sur le dehors ; tout rend possible aussi bien l'entrée que la sortie, en quoi la demeure ressemble au « panier » qui accueillait les multiples, blottis en lui. Il en va de même pour la plupart des meubles qu'elle-même contient : le secrétaire et ses tiroirs, le coffre et le buffet, là où nous entassons ce qui nous sert mais que nous protégeons. La ville aussi, souvent encerclée par ses solides remparts, parfois perchée sur une hauteur, obéit à cette notion – celle du montrer-cacher. Le monde lui-même – un immense dedans, riche de territoires, de divisions et de cloisonnements – rentre à la rigueur dans ce vaste groupe, celui des contenants.

L'appareil domestique, l'objet d'usage, ne saurait toujours s'inspirer de cette structure que nous entendons analyser et privilégier, avec sa note d'ambivalence : il ne peut pas comprendre en lui le dessus et le dessous. Il est tenu à une certaine configuration robuste, monolithique : sa fonctionnalité l'y oblige et le constitue. En outre, s'il inclut en lui un possible danger (le moteur), la sécurité conduit à le recouvrir d'une chape protectrice. Il faut bien accepter ici le fractionnement : en dedans la violence qui coupe, tranche, démolit, propulse mais au-dehors la solidité d'une carapace, l'homogénéité, la compacité.

Il arrive toutefois au constructeur de maintenir une certaine unité, un commencement de fusionnement que nous jugions cependant impossible : à défaut de l'étroite liaison « superficie-profondeur », il parvient cependant à une relation, bien que lâche. La locomotive du TGV, encore qu'elle ne nous dévoile pas sa machinerie (les transformateurs électriques) n'adopte-t-elle pas un remarquable style aérodynamique ? Le morphologue a réussi là un coup de maître : a) Il abaisse la hauteur de l'engin qu'il horizontalise ; nous notons une diminution du vertical et la différence par rapport aux anciens modèles : hier la machine tractrice trônait et l'emportait ; elle représentait la force. b) Il augmente corrélativement la longueur, ce qui intensifie l'horizontalité prioritairement recherchée ; de ce fait, la locomotive rejoint les autres éléments du convoi ; les différences partout tendent à s'amenuiser ou à disparaître, parce que, quand elles existent, elles ajoutent des excroissances ou des creux qui offrent à l'air de quoi s'engouffrer dans les recoins, ce qui diminue la vitesse. c) La machine prend surtout une forme convexe : la courbe la définit, d'autant que la droite ou le rectiligne ont disparu ; il s'agit, de cette manière, d'épouser le principe de la rapidité – fendre l'air, se glisser en lui et non pas s'y opposer. d) Pour cette machine, tout ce qui la constitue obéit à la recherche de la lisséité : une seule porte permet l'entrée du conducteur dans sa machine mais elle s'intègre si bien au carénage que nous l'apercevons à peine. La vitre avant semble assez réduite, proche du hublot. Rien ne vient compromettre la continuité et le curviligne, tant le moindre décrochage nuirait à la puissance.

Est-ce à dire que la fonction a imposé cette forme ? Est-ce que le résultat visé a dicté la construction ? Outre le fait que la locomotive en question ne peut pas échapper à son rôle et qu'elle doit même le faciliter, l'unité, qui nous dévoile en partie « la substance », a été si systématiquement recherchée qu'elle donne une satisfaction (esthétique) par elle seule : la pureté des lignes, la violence éliminatrice des moindres écarts, l'extrême similitude qui parcourt tout le convoi (la chenille), permet d'abord la saisie rapide de l'ensemble, en dépit de son étirement obligé. Nous comprenons aussi jusqu'où est allée l'exigence cinétique : il s'ensuit que le moteur lui-même, si on ne nous le montre pas, a inspiré ce qu'il tracte. Nous fêtons ici la symbiose qui définit l'« acmé » de la fabrication : nous apercevons bien des « parties » mais toutes vouées au tout, causes et effets de lui-même.

Nos appareils domestiques ne sauraient user de cette ample procédure fabricatrice et pourquoi glisserions-nous en eux, dans le banal et le plus pauvre, une défense contre la violence ou les signes d'une difficile fusion ? Pour les plus inoffensifs, n'est plus exigée l'obligation d'assurer la sécurité, ce qui entraînait la séparation entre ce qui peut nuire et le reste, qui au contraire, ne cherche qu'à plaire ou du moins satisfaire. Le fabricant, alors libéré de ce poids, a eu recours logiquement à une ruse, celle de tabler sur des matériaux légers et surtout translucides, parfois même légèrement teintés ; mais la raison de cet emploi est venue de ce qu'il a souhaité exposer les entrailles mêmes de l'objet fonctionnel (en plus de sa mince périphérie et des moyens de le saisir). Le fabricant va jusque-là : offrir au regard à la fois les mécanismes et leurs effets. Il joint les deux : ainsi pour une pendule d'importance, nous pourrons lire l'heure sur le cadran ainsi que, dans sa cage de verre, le mouvement du balancier, de même que les subtils engrenages qui lui commandent.

Nous devrions nous réjouir de cette habile réconciliation entre la cause (non cachée, le principe de l'animation) et l'effet non moins ostensible. Mais nous ne sommes qu'à moitié satisfait : en effet, cette frénésie ostentatoire et sophistiquée, à laquelle ont cédé certaines marques d'horlogerie prestigieuses, suscite un faux émerveillement ; ce qui nous est montré n'explique pas vraiment ce qui se passe ; nous confondons l'essentiel (le mouvement pendulaire) avec ce qui l'escorte ou ce qui assure sa régulation. S'ajoute alors à l'énigme de la « mesure du temps » un étrange attirail, le seul voir ne livrant pas la clé de cette réussite. Loin que le fabricant nous éclaire, il nous trompe habilement et nous ébahit ; finalement il ne nous propose qu'un malencontreux dehors.

C'est que nous en distinguons deux : ou bien le dehors des éléments nettement séparés, le « *partes extra partes* », un dehors, en quelque sorte, deux fois dehors (une fois, parce qu'il l'est visiblement, mais une seconde fois, parce que les pièces sont données moins dans la signification de leurs interactions que dans le fait de leur seule présence, avec une pointe d'apparente autonomie) – ou bien les relations sont comme soulignées et nous croyons discerner ici le dehors d'un dedans. En la circonstance, le constructeur se rapproche plus du premier modèle que du second. Et chaque fois que l'objet technique vise la complication ou se borne à étaler les dispositifs qui en permettent le fonctionnement, il en intensifie le côté magique et nous détourne de sa compréhension.

N'importe qui notera que cette « montre » indique clairement l'heure et donc que rien n'a été faussé ou négligé. Mais qu'est-ce qui a été mis en avant dans ou avec le petit spectacle cinétique ? N'a-t-on pas augmenté la part du circonstanciel afin justement d'éblouir ?

Nous préférons une réalisation plus modeste, moins hystérisée : au lieu de recourir au verre ou au translucide, certains fabricants ont travaillé sur ou pour un boîtier partiellement opaque. Désormais celui-ci suggère seulement ce qui se loge en lui ; nous soupçonnons et entendons même une subtile machinerie qui nous indique minutes et secondes. Nous recevons une heure qui traduit l'animation du pendulaire. Nous est épargné le spectacle d'une cinétique, compliquée afin de méduser.

Combien il est difficile de trouver l'organisation matérielle qui, d'une part, facilite l'usage mais qui, d'autre part, satisfait l'exigence d'un ensemble qui frappe sans verser dans l'étrange (la domo-esthétique pouvant consister à donner de la profondeur à la seule surface) !

Il ne suffira pas de retourner en quelque sorte l'objet, qu'il soit petit ou volumineux, de le révolutionner par le glissement du dedans à la place du dehors, tant l'inversion n'apporte que du désappointement. A Paris, le Centre Pompidou a été conçu selon cette audacieuse stratégie : les entrailles de ce Musée (escaliers, ascenseurs, gaines, conduits, tuyauteries) ont été logées à l'extérieur, tandis que l'intérieur était dégarni (pas de cloisons, pas même de poutres, d'immenses espaces livrés au verre et au vide), bref, un intérieur qui permet la libre circulation, ainsi que les expositions mobiles. Tout a donc été sacrifié à la fonctionnalité. Si nous sommes sensible à la hardiesse de ce renversement sans égal, nous ne saurions en souhaiter la généralisation, tant l'usage a décidé de cette construction. Si nous y avons gagné la facilité et le mouvement, un certain doute persiste quant à cette architecture d'éviscération.

Que demandons-nous, de préférence ? Ni l'unité homogène et imposante du bastion, ni la pluralité désordonnée, mais l'une et l'autre et celle-ci subordonnée, au moins partiellement, à celle-là. Une demeure enfermée dans ses murs signifie l'isolement, la puissance et sans doute le mépris. Et si les éléments ne sont pas accordés ou impliqués les uns dans les autres, nous allons au fouillis. Nous souhaitons que l'arrière-fond transparaisse dans ce qui est mis en avant : une cour d'accueil, des piliers ou plutôt des colonnes qui soutiennent sans fermer, le recours au verre, de larges baies, nombre d'ouvertures qui appellent les passages, bref, un mélange harmonieux du vide et du plein.

La domo-esthétique ou l'art de construire des contenants-contenus, qui ne cesse pas de renouveler ce qui nous entoure (un enveloppement plus large) nous semble confirmer nos vues. Outre l'importance qu'elle revêt (« Je trouvais dérisoires, écrit Rimbaud dans *Une saison en enfer*, les célébrités de la peinture et de la poésie moderne. J'aimais les peintures idiotes, dessus de portes, décors, toiles de saltimbanques, enseignes, enluminures populaires, la littérature démodée… »[1]), cette production, de façon sans doute rudimentaire, de manière bien peu originale, à la différence de l'art plus audacieux (le vrai bouleversement) ne tend pas moins à relier le dehors et le dedans ou du moins cherche à les associer. Et sa proximité avec l'art lui-même, devrait nous aider à valider notre interprétation : le moindre objet, lorsqu'il est réussi, se rapproche de la plasticité inventive, dépasse son apparaître et inclut en lui des traces de son être propre, en quoi et grâce à quoi il n'en plaît que davantage.

Rappelons déjà que de nombreux artistes substituèrent à la toile opaque le verre qui donne accès à ce qui est situé en arrière de lui : ainsi sommes-nous délivrés de ce qui nous limitait ; nous entrons dans la troisième dimension. Mais la boîte et l'emboîtement devaient surtout fasciner les contemporains (Schwitters, Boltanski, Beuys et bien d'autres) : d'abord le contenant permet de réunir des multiples de faibles dimensions et hétéroclites (la mise en abîme) ; déjà une prolifération ramenée à une sorte d'unité ne peut pas ne pas retenir, tout comme une boîte qui en enferme d'autres ou encore de plus particulières, – le cercueil, la cage ou la caisse à cloisons, celles-ci mêlant habilement l'inclusion mais aussi la possibilité de la sortie et de la délivrance (contre l'emprisonnement, d'où la cage de Giacometti de 1930 ou la cage à oiseaux de Duchamp de 1921, sans oublier les « multiples en boîte » de Joseph Beuys).

1. Rimbaud, *Une saison en enfer*, *Alchimie du Verbe*, La Pléiade, 1972, p. 106.

L'emboîtement qui a pris place chez les plasticiens de la création allait aussi contaminer les appareils de la quotidienneté. Mais l'art contemporain devait aller encore plus loin, s'orientant vers ce dont nous inonde la société dite de consommation, de là, une boîte d'huile Shell, consacrée en quelque sorte par *Rotella* ou encore la *Campbell's Soup* de Warhol (1965), sans oublier les fameuses boîtes de Joseph Cornell. L'emballage l'emporte, dans la mesure où un commencement de dialectique le pénètre et l'aiguise ; avec cet encerclement métallique, nous assistons à la disparition de ce que, au même moment, on met en évidence. La publicité exploite le complètement dissimulé et l'ostensiblement présenté, voire montré.

Sur ce chemin, certains n'hésitent même pas à user d'une sorte de poubelle dans laquelle ils ont amassé des gravats ou des déchets parmi les plus hétéroclites. Beaucoup considèrent qu'il s'agit là d'une mise en cause (par dérision) de notre gaspillage, mais nous croyons y voir une recherche de nature compassionnelle, en ce sens que les moindres restes, les miettes, les fragments délabrés et meurtris méritent l'attention ; dans le détritus se cache la richesse.

☆

Nous nous proposons de centrer notre analyse sur un contenant privilégié, encore que banal, – le flacon qui, en principe, enferme le parfum, l'essence. Nous ne suivrons pas le poète : « Qu'importe le flacon, pourvu qu'on ait l'ivresse » tant cette dernière dépend aussi de celui-là.

Rappelons les trois motifs qui nous poussent dans cette direction : d'abord, un objet qui en protège d'autres ou du moins les entoure mérite l'attention.

Il s'agit, comme nous l'avons déjà souligné, d'un objet au second degré, un objet d'objet. En principe, nous laisserons de côté les productions naturelles bien qu'elles recourent, le plus souvent, à ce type d'enrobement, mais, en dépit de son efficacité ou plutôt à cause de lui, nous sommes enfermé dans l'inévitable répétition. Le « design », à l'inverse, explorera toutes les occurrences ou s'adonnera au jeu de tous les possibles, annulant l'écart entre le fabriqué et l'artistique.

Il n'est pas moins vrai que « la gousse du petit pois » nous donne un bel exemple de réussite : d'un côté, une sorte d'étui régulier, de l'autre, une répartition égale des unités (une loge pour chacune). Avec le minimum d'espace et donc de moyens occupationnels, est obtenu le maximum d'emplacements. De plus, cette gaine ne manquera pas de se flétrir, car il ne s'agit pas avec elle d'un « emprisonnement » ou d'une vraie fermeture, puisqu'elle s'ouvrira le moment venu afin d'assurer la multiplication du végétal. Il n'a été qu'abrité, il sera facilement délivré. Mais ce qui frappe le plus, c'est la concordance entre le contenant et le contenu ; celui-ci s'harmonise avec celui-là : ni trop large (il y aurait eu du désordre du fait d'un non-rangement et d'un vide qui compromettrait le plein), ni trop étroit (on observerait de difficiles superpositions). En outre, cette enveloppe s'originalise autant par sa fermeté ou sa solidité que par sa relative souplesse. Animaux et végétaux devaient à peu près tous connaître la symbiose entre leur intérieur (le germinal, le fragile) et l'extérieur (une sorte d'encapsulation, l'enrobement). Mais nous ne retiendrons que le manufacturé parce que, justement, il dépasse le végéto-animal, un peu emmuré et surtout invariable, encore que nous ayons reconnu ses prouesses.

Autre motif, nous entendons développer une philosophie générale extériorisante, même si elle est amenée à prendre en compte le plus ordinaire, le commun, en tout cas, le délaissé, ce qu'on réduit à la périphérie (opposée au centre) et destiné seulement à éviter les coups (l'emballage). Nous verrons dans le recouvrement de quoi déranger, sinon irriter le métaphysicien, sans négliger le fait que cette simple façade, jugée bien secondaire par rapport au produit, permet, avec le monde industriel, de le sauver (d'où le conditionnement de la denrée périssable, – conditionnement venant du latin condere, qui signifie établir, stabiliser, conserver). En effet, comme cette paroi résiste, un mélange gazeux inerte est injecté à l'intérieur du sac, et donc empêche la pénétration ou l'action de l'oxygène, ce qui va s'opposer à la détérioration, voire à l'acidification qui menace l'« enfermé ». L'opération peut être renouvelée, ce qui allonge « la durée de vie » de la marchandise et aussi facilite son transport ; la technique industrielle parvient à vaincre aussi bien l'espace que le temps. Et il nous plaît de noter que l'extérieur n'écarte pas seulement les menaces venues du dehors (les manœuvres trop brutales, les coups qui sont amortis) mais, plus encore, celles du dedans (le pourrissement, l'altération même).

Le vivant, en général, – bien que nous devions dépasser ce que la nature nous suggère et même nous indique – vérifie notre philosophème : en effet, dans la cellule constitutive, le noyau qui contient toute l'information et donc les facteurs décisifs, n'en partage pas moins l'importance avec la membrane, assurément semi-perméable et dont le noyau dépend. Celui-ci ne peut pas se contenter de détenir le message (l'équivalent d'un coffre fort), il doit l'inscrire, le transférer à des substances biochimiques qui circulent en dehors, dans l'économie générale (les fluides). Qui se charge de cette médiation et de sa régulation ? N'entre pas dans la cellule ce qui la côtoie et il n'en sort déjà que l'essentiel (le spécifique). C'est bien à l'intersection « cellule-milieu » que se joue la vie. Mais nous accordons sans doute trop au noyau et nous sommes tentés de minimiser, par contrecoup, le moment de la jonction, là où pourtant la vie se renouvelle.

Plus généralement encore, l'habillage relève d'une autre finalité que celle qu'on lui accorde, – la fonction protectrice – parce que, de simple instrument, il se transforme, selon nous, en moyen d'expressivité. N'allons plus tourner autour du miroir, comme si nous pouvions y découvrir, de l'autre côté, celle ou celui qui se mire en lui et dont nous voyons « le reflet » ou l'image. Le réel ne se situe qu'en avant de lui, devant et non pas derrière, là où se trouverait le caché, l'invisible, l'au-delà, cher à celui qui ne se contente pas de l'« apparaître ».

Tout nous conduit à examiner de plus près la manière dont le flacon (un dehors) parviendra à régler d'abord la difficulté que nous avons déjà exposée et rencontrée – permettre aussi bien l'entrée que la sortie. S'il ne satisfait qu'à l'enfermement, qui protège, il échoue, mais, s'il ne facilite pas un relatif transvasement (voire la vaporisation), il ne réussit pas davantage. Comme il ne détient que le précieux (la fragrance), il se doit même de bien préserver mais aussi de ne délivrer qu'avec une extrême modération ; excluons aussi bien la brusque entrée que la sortie inconsidérée. Il faut, en effet, que ce récipient léger nous avise de la qualité de ce qu'il conserve et par là, en attise le désir. Nul ne contestera que nous choisissons parmi tous les produits qui nous environnent, ceux dont l'apparence nous séduit (la carrosserie d'un véhicule ou d'un engin s'avère déterminante, puisque la plupart des acheteurs ignorent le jeu des pièces motrices et ne tiennent compte que de la façade). En l'occurrence, comment, à travers la forme du contenant, suggérer ce qu'il emprisonne ?

Les récipients, comme le flacon, doivent « recevoir, garder et restituer » (ou favoriser le versement s'il s'agit d'un liquide), sans oublier de prévoir une anse ou les possibilités de facile préhension et de maniement. Telle est la base de la structure de chacun d'entre eux.

Il est vrai – par parenthèse – que, dans ou avec la nature, une nature que nous ne devons pas prendre pour modèle, parce que l'art dépasse ce que celle-ci a privilégié et dont elle ne saurait se départir – nous ne discernons pas avec la coque ou la coquille, le lieu de faible résistance grâce auquel la graine pourra sortir de sa cachette (l'évacuation). Mais c'est que le végétal – amande, noix, noisette – s'inspire d'une autre stratégie : il convient d'attendre un lieu et une température favorables ; à ce moment-là, l'armature qui enveloppe le germe cédera et se fissurera (la délivrance d'une semence qui peut prendre des années sinon des siècles).

Mais nous maintenons notre principe à incidence philosophique : en ce qui concerne les vases et les flacons, qui doivent retenir des liquides ou plutôt des liqueurs précieuses, leurs contours doivent varier avec les substances qu'ils contiennent, afin de nous en informer au moins indirectement ; ils nous renseignent sur ce qu'ils vont nous offrir.

Si le récipient ne doit qu'accumuler de l'huile, l'*aryballe* (Fig. 1. Aryballe, ce terme d'origine grecque désigne d'abord une bourse qui s'ouvre et se ferme, à l'aide de cordelettes qui assurent la claustration, puis, par extension, le vase pansu, surmonté d'un col très étroit) s'imposera : avec lui, nous pouvons détenir le plus (la sphère aidera à cette réserve) et, en sens inverse, ne livrer que le moins, par un goulot qui s'efface de lui-même. Deux impératifs ont présidé à cette réalisation adaptée à un liquide ordinaire : une provision suffisante, puis l'économie de l'usage. Laissons de côté l'oenochoé, le lébès et l'alabastre (par là, nous nous référons à un pichet à vin, à un bol et à une bouteille pour une essence convoitée). Mais le *lécythe* (Fig. 2) qui va recevoir le plus précieux se remarquera à travers la succession de trois parties distinctes : à la base, une sorte d'étui fin et allongé – ce longitudinal s'oppose au sphérique de la détention tant ici est évité ce qui rappelle l'accumulation ou le remplissage, puis, brusquement, tout se réduit, comme si déjà était anticipée l'opération restitutive, en conséquence le col ne manque pas la nette diminution ou le retrait, enfin, au sommet, un faible élargissement pour permettre une sorte de bec évasé, ce qui facilitera un écoulement. Tout indique ici l'inverse situationnel ou morphique par rapport à ce qui a précédé (le contenant de l'huile) – le faible volume s'imposant, ainsi qu'une délicate sortie.

Fig. 1 – L'*Aryballe*
Cette bouteille à huile frappe par son aspect pansu : elle conserve beaucoup et ne livrera que peu à la fois, ce qui renforce la première fonction (le remplissage maximalisé).

Fig. 2 – Le *Lécythe*
Il s'agit d'une sorte de pot à onguent. Son allure relativement effilée (il ne cherche plus à accumuler) s'accorde avec son col et son bec destinés à servir finement, modérément, le consommateur.

On imagine mal le nombre des contenants liquidiens dont nous nous servons, tous voués à une fonction spécifique, attachés en quelque sorte à un fluide, susceptibles d'innovations tant le fond variable appelle une forme qui puisse à la fois nous aviser du contenu et aussi plaire en raison de cette adéquation : le pot, la cruche, la jarre, la fiole, la gourde, voire l'auge, la barrique, le tonneau, la bassine, la feuillette, etc.

Le flacon proprement dit devra répondre à plusieurs exigences, en dehors des plus communes ; avec lui, s'atténue l'utilitaire ou le pratique ; compte pour assez peu le moyen de le saisir (la préhension), tandis qu'avec lui augmente l'obligation d'informer et de valoriser, à tel point que le dehors finit par l'emporter sur le dedans et même jusqu'à l'éclipser ; c'est déjà pourquoi les plus originaux d'entre eux sont entrés aux musées comme des œuvres d'art ; les collectionneurs se les disputent[1]. Nous rejoignons Le Gautier de Mademoiselle de Maupin : « Je me suis toute ma vie inquiétée de la forme du flacon, jamais de la qualité du contenu ».

La disposition d'ensemble de ce flacon pourrait encore changer ; nous nous interrogeons sur celle qui conviendrait le mieux.

Nous entrevoyons trois canevas au moins :

a) Nous pourrions travailler à élever la substance aromatique (le contenu), lui éviter de stationner en bas, dans la partie évasée, comme les corps ordinaires ou les plus lourds. Ne doit-elle pas rejoindre le léger, le vaporeux ? Dans ces conditions, elle mérite l'exhaussement ; prévoyons-la semblable à une fleur qui se balance sur sa tige élancée. Le flacon se contentera de se renfler légèrement à son sommet.

b) Pour des raisons de facile équilibre, l'architecte de verre pourrait viser l'ininterruption ; nous irions insensiblement de la base au sommet, à travers une courbe peu prononcée. Le parfum échappe à ce qui frappe les substances nutritives, soumises à la nécessité de la confluence, puis du versement. Il gagnera à être disposé dans un ensemble fusionnel, sans le moindre décrochage ou une quelconque dénivellation (sur son

1. L'art du flacon va si loin qu'a été publiée une « Cote internationale des échantillons de parfum », la bible des collectionneurs. Celle-ci recense des milliers de spécimens, mentionnant leurs caractéristiques respectives, l'année de parution, etc.

pourtour). Le matériau, de son côté, lui permettra, si possible, un toucher de pierre tendre, un maniement propre au duveteux.

c) Il est clair que nous devons éviter les droites ou le rectiligne au profit des courbes et du transitionnel mais cette directive n'exclut pas une morphologie ascensionnelle : nous partirions d'une sphère mais pour aller vers deux ou trois autres, de plus petit volume ; nous cherchons ici le dégradé et nous nous élevons peu à peu vers l'essence.

Nous ne perdons pas de vue « le bouchon » (la fermeture relative) mais il est remplacé avantageusement par un poussoir. Il importe de régler ici une question d'apparence mineure mais ardue : nous devons refuser le droit de humer le produit et de s'assurer de sa qualité comme de sa nature : n'est-ce pas déprécier la substance que d'ouvrir sans cesse ce qui la préserve ? Mais nul n'acceptera que soit empêchée cette évaluation aromatique. La solution a consisté à disposer une pastille mince, discrète à l'extérieur, sur le bord du flacon et susceptible de délivrer un peu de ce qui se situe en dedans, sans que la fermeture soit sollicitée.

Nous n'insisterons pas sur les inscriptions que porte la paroi, ni sur la griffe qui la personnalise, ni sur la manière dont elle est travaillée, parce que, souvent, le sculpteur ne manque pas d'insérer dans le verre, en son épaisseur, des brins ou des éclats de pierre semi-précieuse ou du moins ce qui la colore de plusieurs teintes ; il avantage aussi ce qui se situe en avant, le frontal qu'il met en relief.

Nous sommes sensible au fait que les artistes vont vite entrer dans la danse : les Lalique, Daum, Dali, Picasso, Léger (et pour citer quelques contemporains, Elisabeth Garouste, Jean-Marie Massaud, Serge Mansau) ont directement renouvelé ces joyaux, participant ainsi à la fête. Ils se sont d'ailleurs opposés entre eux : certains ont théâtralisé leurs échantillons (l'emportent le spiralé, le torsadé, le surchargé de fleurs de feuilles et d'oiseaux, parfois même le mignard) quand d'autres prônaient le minimal, une seule et sévère géométrisation (le parallélépipède et surtout le cylindre). Mais les « magiciens » condamnaient cette sobriété qui entravait la rêverie et finissait par avantager le fonctionnel.

☆

Plusieurs objections, touchant cet art décoratif, nous guettent, auxquelles nous allons répondre d'un mot.

D'abord n'avons-nous pas grandi, à l'excès, le minime, le « presque rien », le futile, dont il n'est pas possible de tirer la moindre philosophie ? Nous nous bornerons à signaler que Georg Simmel, friand du concret, a consacré un essai à l'anse seulement, en quoi il s'opposait à un travail de Bloch sur le pichet. Nous n'innovons donc pas.

Plus grave, nous nous sommes réjoui du triomphe de l'extériorité et du superficiel, alors que le contenu, pourtant le plus précieux, en sortait diminué. Mais une telle remarque subversive ne peut convenir qu'à certains échantillons. Il n'est pas possible de généraliser cette particularité dont on devrait plutôt réduire l'importance et plus encore la signification.

Nous maintenons cependant notre conclusion et n'entendons pas la borner, sans compter le fait que l'objet reflète les goûts, les aspirations et les désirs du sujet. Nous allons jusqu'à refuser la coupure entre le sujet et l'objet, s'il est vrai que l'un résulte de l'autre.

Le flacon et d'autres récipients concrétisent notre philosophème ; il va assez de soi déjà qu'entre une quelconque réalité et le milieu dans lequel elle est immergée, c'est l'interface (donc le pelliculaire) entre eux qui l'emporte.

Nous refusons donc la sanctuarisation, l'isolement, voire l'abyssal. Justement le flacon emblématique qui contient le plus recherché – l'essence même – n'a pas manqué le renversement, puisque la sculpture en verre se met à éclipser ce qu'elle contenait. S'affirme ici une leçon décisive de philosophie, l'éloignement de la substance, puisque désormais la fête se déroule au-dehors, sur la surface, jusqu'à en oublier le fond.

CHAPITRE III

Où se situe le moi ?

Nous ne connaissons pas de théorie aussi insoutenable que celle du dualisme, qui repose sur la séparation de l'âme et du corps : une telle conception n'a pas manqué de conduire à des conséquences des plus étranges, notamment celle de la glande pinéale qu'a revendiquée Descartes. L'âme ne doit pas habiter le corps, tant il faut craindre pour elle le matérialisme, parce que, dans cette optique, elle serait alors absorbée par les structures corporelles ; mais elle doit cependant exercer son pouvoir sur elles et donc entretenir un lien avec elles, sinon comment les mouvoir et leur commander ? En conséquence, Descartes imagine, située au milieu même du cerveau, une glande qui équivaudrait à un point : elle occuperait le moins d'espace possible, en même temps qu'elle échapperait à cet espace, en raison de sa ténuité. Bref le point appartient à l'étendue mais aussi à l'inétendu. On joue sur les mots.

Pour éviter une conception aussi indéfendable, prenons vite le chemin inverse : l'âme habite le corps ; ce corps n'équivaut ni à un rassemblement d'organes ni à un agencement de parties, ni à un système de tubes, de fibres et de filtres ; il importe de le comprendre autrement, de telle façon qu'il puisse accueillir « le spirituel ».

N'allons pas reprendre l'image du « timonier qui conduit son navire » parce que, avec une telle comparaison, on se fourvoie : nous serions à la fois dans notre corps et en dehors de lui ; on continue à mêler les points de vue ou à associer, pour se tirer d'embarras, l'eau et le feu (le dedans et le dehors). Nous devons immerger l'âme dans son corps et écarter les images apparemment explicatives, en vérité fautives.

Il en résultera aussitôt que nous pourrons et devrons lire l'un – l'esprit individualisant – dans l'autre (l'apparaître). Notre philosophie extérioriste, celle qui privilégie le surfacial, ne peut que se féliciter de cette coïncidence ou plutôt de cette transparence de l'un à travers l'autre. Et plus que jamais, en psychologie, « nous sauvons les phénomènes », peuplés de signes, d'indices, de reliquats et de caractères qui nous permettront de saisir « le moi corporel ».

Une autre réponse a été retenue, que nous ne saurions adopter : elle considère le corps en tant que réalité énigmatique, comme une présence telle qu'elle participe aux opérations comme la gestualité, la sensation, la décision, mais le corps échapperait à toute saisie objectivante, n'émergeant qu'à l'horizon de nos activités.

Nous demeurons attaché à la possibilité d'une anthropologie à la fois objective et subjective : trop d'objectivité nuit à cette discipline parce qu'elle réifie alors le psychisme, aussi lui ajoutons-nous une psychologie qui va rendre possible le changement, bien qu'à partir des potentialités préalablement reconnues. En toute hypothèse, il faut donc commencer par la saisie de ce qui se loge en nous, ce que nous devons détecter ou repérer, soit qu'il nous soit offert (le dehors) soit que nous réussissions à le transférer du dedans au dehors.

☆

Aussi accordons-nous du prix à l'œuvre de Lavater, pasteur de l'Eglise réformée à Zurich.

L'un des thèmes à en retenir – qu'il a puisé dans la tradition et précisé, même renouvelé – a constitué à substituer au corps en son ensemble ce qui l'abrège et surtout le subtilise. Ce redoublement ne se borne pas à répéter le corps – à quoi bon ? – mais tend à l'exhausser et aussi à le doter d'une capacité auto-réflexive (la réflexion suppose le retour sur soi : on recommence mais aussi on doit s'intensifier à travers la reprise). La condensation, c'est-à-dire la réduction qui vise à conserver l'essentiel et à éliminer le secondaire, voire le volumique qui dilue, ne peut que faciliter la compréhension de ce tout.

Le corps en son entier naît de la superposition de trois sphères : l'abdomen (la digestion et le sexuel, l'élimination), puis le thorax (la respiration et le cœur), enfin le cerveau (le vouloir et l'idée, sans oublier la mémoire). La première et la deuxième sphères sont séparées par le diaphragme, la deuxième et la troisième sont éloignées l'une de l'autre, l'isthme du cou assurant la liaison mais plus encore la distance.

Bien des théories culturelles, notamment la sociologique, devaient user de cette grille, afin de diviser la population et y distinguer des groupes ou des classes : ainsi les oratores, les pugnatores, les laboratores ou encore le commandement, le soldat ou l'exécutant, l'ouvrier, ou même la religion, l'armée, l'intendance, ou la prédication, la protection, la production, les 3 P. Mais c'est le visage qui a en quelque sorte imposé et fondé la tripartition : la partie inférieure – la bouche et les mâchoires – correspond au nutritif et au sexuel, le nez et les pommettes traduisent la seconde région (l'émotivité, le cœur, les passions), enfin le sommet, le front et le crâne représentent l'encéphale (la décision, le théorique, les souvenirs). Ainsi nous voyons directement, sur le visage, les prépondérances, l'équilibre possible, les forces qui composent tant le corps que le psychisme. Bref, nous sommes capable de recueillir des informations à la fois somatiques et mentales, de là, l'importance d'un tel synopsis.

Et nous ne sommes pas surpris de lire dans Lavater que l'animal n'a pas pu arriver à ce sommet, – la gloire de l'expression, le résumé qui contracte et expose l'essentiel au point de permettre le déchiffrement. Nous y reviendrons mais nous suivons Lavater lorsqu'il n'attribue pas le « visage » à l'animal, auquel il ne réserve que la face. « Dans les animaux, il y a très peu de visage et cependant la face est très grande, mais seulement dans sa partie inférieure qui n'a aucun rapport ni avec la vie intellectuelle ni avec la vie morale »[1].

Lavater en profite pour railler les naturalistes, – les Buffon et Linné – qui ont rapproché l'homme des Primates ou même l'ont confondu avec les singes, voire les chauves-souris : « Vous reconnaîtrez même chez les sauvages les plus hideux le sceau de l'humanité et les différences essentielles qui placent l'homme à une si grande distance des animaux »[2].

Nous sommes tenu de nous séparer de Gall, que Lavater condamne, tant il devait céder à la manie de la tripartition : celle-ci ne doit nous arrêter que lorsque nous pouvons reconnaître sa signification, sa portée, ses mérites. Sans s'en soucier justement, Gall, le phrénologue, a divisé, à son tour, le cerveau en trois : il croit pouvoir disposer l'intelligence en avant, dans le lobe frontal ; au milieu, le temporal et le pariétal abriteraient les passions, l'émotivité ; enfin, à l'autre extrémité se logerait l'instinctuel ; le paléo-cerveau servirait de repaire à la violence. Aussi, en présence d'un délinquant, Gall palpait-il l'occipital ainsi que le cervelet, pour évaluer le degré de l'asocialité. Avec cette cranioscopie, les examens dévièrent jusqu'à la fantaisie et l'abracadabrant – de là, les fameuses bosses de nos prétendues aptitudes. Auguste Comte ne nous a pas convaincu du positif d'une telle méthode, bien qu'elle ait cherché à coupler le subjectif et l'objectif, sortant celui-là de son isolement.

Lavater, en dépit de quelques exagérations et notoires insuffisances dans ses prétendus diagnostics, n'en a pas moins évité la glissade de Gall. Pour lui, cependant, le visage a bien été divisé en trois bandes ; selon la forme et l'étendue de ses fragments, il en induit « la partie fixe » de l'individu, son soubassement psychique. Ainsi, le développement de la région inférieure entraîne le prognathisme ou la mâchoire en avant, ainsi que la bouche, ce qui impliquerait la primitivité, l'instinctuel envahissant et même l'avidité possessive (la dévoration). Inversement, l'excès dans le retrait – le menton en arrière – ne vaut pas mieux et signifierait bien plus que l'ascétisme – le resserrement, la sécheresse, l'adynamie. Et quant au « menton en galoche », il trahirait l'acharnement, l'ambition.

1. Gaspard Lavater, *L'art de connaître les hommes par la physionomie*, O.C., 1820, Paris, t. IV, p. 101.
2. Id., p. 102.

Autre cas : sommes-nous avantagés, en général, par un hyper-développement, tel un cerveau élargi, sinon ballonné ? Mais Lavater n'apprécie pas cette macrocéphalie : pour lui, plus la tête est grosse, moins elle contient de « cervelle » ; elle a été envahie par la chair, la graisse et les os. Lavater apprécie, avant tout, les proportions, l'harmonie entre les constituants, l'équilibre de l'ensemble. D'ailleurs, Lavater tempère ses conclusions par la prise en compte du « moelleux de la figure », ou de la partie « molle » du visage, tandis que le dur, retenu en premier lieu, ne fournit que le cadre. « La nature a eu soin, – écrit-il – de remplir avec la graisse les cavités qui auraient donné lieu à des transitions trop brusques ; elle a veillé à conserver à toutes les parties du corps ces formes qui doivent aux lignes serpentines la grâce qui nous charme. »[1]. Le doute n'est pas permis : il convient, sous le premier visage, de vite en discerner un autre, plus expressif.

Comme la méthode de Lavater a été plus caricaturée et déformée que restituée, nous tenons à lui rendre ses propres nuances. En effet, ce lecteur de la psyché devait insister sur un autre partage des traits, – non plus l'horizontal qui nous valait les trois bandes récapitulatives du corps entier ou son auto-réflexion – mais un partage dorénavant vertical, médian, qui permet de distinguer la partie droite et la gauche. Une violente asymétrie dénote la tension, le conflit, mais une structure de stricte égalité indique pire, – outre le côté éventuellement comique du fait de la répétition des deux moitiés – l'indispensable latéralisation manquée. Nous savons que les deux parties n'assurent pas le même rôle. Il faut admettre pour chacune d'elles une fonction qui doit se répercuter dans sa morphologie : en conséquence, nous demandons que puisse être repérée une similitude, sans que celle-ci équivale à une rigoureuse identité.

Pour mieux discerner le faible écart, un psycho-photographe a pu tirer, à partir d'un certain visage saisi de face, trois portraits : la partie droite, dupliquée, donne le droit ; il en va de même pour la partie gauche et enfin nous ne manquerons pas celle des deux moitiés

1. Id. p. 196.

non-séparées. Alors que le visage droit dirait le fonctionnel, le gauche suggérerait le refoulé, le mal connu. Enfin, le troisième visage peut se lever : ce bi-latéral, désormais plus net, complètera les deux autres, le dur et le mou, le volontaire et l'affectif.

La théorie lavatérienne, dont nous nous inspirons, a été trop réduite à la prise en compte de l'osseux et de sa mensuration, alors que le fondateur de la physiognomonie n'ignorait pas que l'âge déjà et les usages modifiaient profondément notre « apparaître » ; de même certaines sociétés s'emploient à changer du tout au tout notre expression. « L'homme a travaillé, tourmenté et changé de mille manières l'enveloppe et la draperie. Ainsi plusieurs sauvages ont cherché à allonger leurs paupières, d'autres ont peint ou arraché leurs sourcils... D'autres sauvages ont changé diversement la forme des lèvres, en les perçant, en les allongeant »[1].

L'évocation lavatérienne des modifications nous conduit à soulever une question psychologique difficile : alors que se développe, dans nos sociétés, la chirurgie esthétique ou réparatrice, qu'en est-il de celui qui en « bénéficie » ? Comment se comportera au fond celui auquel la technique vient d'imposer un autre visage, encore que l'intervenant prétende recomposer celui qu'il remplace ou le redresser seulement (en cas de flagrante irrégularité) ? Garde-t-il en lui-même l'ancien ou bien adopte-t-il la métamorphose supposée ? Demeurons-nous le même, en dépit de la réformation, ou bien épousons-nous la nouveauté ? Est-ce une sorte de résurrection (une amélioration) ou un mensonge ?

Lavater, en toute hypothèse, est allé loin : il n'est pas assez crédité de sa compréhension d'un visage mobile ; avec lui, le sujet n'est pas saisi à travers le relevé de quelques protubérances (les « bosses ») ou cavités. Il n'a pas naturalisé l'examen. Il n'a pas connu les dévoiements ultérieurs. Il accorde le plus d'importance à ce qui varie (le regard notamment) qu'à ce qui demeure fixe.

Le mot de visage, d'ailleurs, à suivre Lavater, dériverait du latin *visagium* qui signifierait « ce qui exerce la vue », parce que, selon Lava-

1. Id., t. IV, p. 123.

ter « la fonction de l'œil considéré comme organe de vision et d'expression est ce qui frappe le plus dans la partie de la face qui constitue essentiellement le visage »[1]. Nous l'avons déjà noté, l'animal en est dépourvu « le mot ne convient qu'à l'homme ». Nous n'accorderons à la bête qu'une tête ou une face.

À le bien examiner, le regard lavatérien indique à la fois une direction (en haut ou en bas, par exemple, et déjà, par là nous commençons à saisir si lui agrée ce qu'il voit), l'intensité (il peut même fasciner par son énergie et sa ténacité), la durée (insistant ou, à l'opposé, fuyant), la difficulté (les paupières clignent parce que nous luttons ainsi contre ce que nous tenons à éviter et qui nous embarrasse), l'intérêt (de là, une sorte d'agrandissement oculaire afin de mieux enregistrer), la mobilité (le déplacement, le mouvement). Nul ne doutera qu'à bien voir celui qui voit (« l'entreregarder ») nous recevions un message qui nous dit son attitude, ses sentiments, et déjà sa propre individualité. D'ailleurs, dans la vie courante, nous ne manquons pas de juger à partir de ces indices.

Nous n'hésitons pas à situer « le moi » au-dehors. Nous l'imaginons trop retranché en lui-même et presque inconnu, alors qu'il ne cesse de s'« externaliser » ou de se mettre en vue. Il est vrai que nous souhaitons dépasser le donné perceptif et doter le psychologue d'instruments de lecture (nous voyons trop mal celui qui voit). Nous lui réservons un laboratoire. Il conviendra qu'il apprenne à photographier les fluctuations de l'aire pupillaire captant alors de très fines réactions, qui relèvent de l'imperceptible. En principe nous notons sa réduction en présence de ce que nous réprouvons ou que nous dédaignons, mais un notable agrandissement en face de ce qui nous retient[2].

Quelques tests psychologiques vont dans le même sens, bien qu'ils portent non plus sur la manière de voir mais sur le contenu de ce que nous croyons apercevoir. Nous ne pouvons qu'approuver le recours à ces moyens objectifs et codifiés grâce auxquels nous allons plus loin que

1. Id., t. IV, p. 100.

2. Les annonceurs et les praticiens de l'affichage publicitaire recourent à cet examen, afin de savoir si l'image et le slogan qui l'accompagne offusquent ou, au contraire, séduisent et accrochent. Ne nous fions pas aux dires des « interrogés » ; prenons plutôt en compte ce que ceux-ci ne contrôlent pas !

nos seules impressions (toujours vagues et indécises). Le test de Szondi mérite notre préférence : comment en serait-il autrement ? L'examinateur donne au sujet l'instruction suivante « Je vais étaler devant vous huit photos (entre parenthèses, chacune d'entre elles représente un épileptique, un hystérique, un schizophrène, un dépressif, un maniaque, etc., bref, il s'agit de sujets atteints d'une maladie pulsionnelle grave. Il est clair que désormais le psychologue table non plus sur la façon avec laquelle le voyant voit mais sur le vu que ce voyant retient préférentiellement, les deux méthodes travaillant au même résultat). Regardez-les bien et donnez-moi d'abord celle que vous trouvez relativement la plus sympathique, puis celle qui vous paraît la plus sympathique en second... Choisissez ensuite la photographie la plus antipathique puis la plus antipathique en second »[1].

Le Rorschach fournit un échantillon ou un matériel de même type mais plus connu : le sujet est placé en face d'une scène « non-structurée » – la fameuse tache d'encre qui s'est répandue sur une feuille qui a été pliée en quatre : il est alors prié de nous dire ce qu'il croit apercevoir. Comment interprète-t-il ? Comme cette épreuve tient de l'artificiel, nous préférons lui offrir l'occasion d'une lecture plus significative : au fond d'une salle obscure à souhait règne le plus profond désordre, – un enchevêtrement de cordes, de poutres, d'échelles, de planches diverses, de tissus, d'outils. Qu'apercevoir ? L'individu interrogé ne manquera pas moins de voir ce qui est (il n'y a rien) que de nous révéler ce qu'il craint ou ce qu'il souhaite. Par là même, il se dévoile.

Le psychanalyste procède de la même manière, à cette différence qu'il sert essentiellement d'écran parce que, sur lui, tôt ou tard, s'exercera la projection ; le patient doit toujours transférer au-dehors, sur le thérapeute, ce qu'il enferme ou ce qui le bouleverse. Le psychologue s'est exercé à cette difficile tâche, celle de conserver sa neutralité et d'empêcher le contre-transfert. Aussi croyons-nous vérifier le mot de Valéry : vraiment « tout est surface »[2], le psychisme n'échappant pas à la règle, encore moins le corps dans lequel se loge la subjectivité.

1. Léopold Szondi, *Diagnostic expérimental des pulsions*, P.U.F., 1952, p. 27.
2. Valéry, Cahiers, Bibliothèque de la Pléiade, Gallimard, 1974, t. II, p. 238.

☆

Si le corps, dans son aspect général mais surtout dans sa partie visible, nous voulons dire « le visage », révèle l'individu, le vêtement (car nous ne pouvons pas échapper à ce qui nous enveloppe) le traduira tout autant : en lui, nous pouvons espérer l'appréhension de la personnalité.

Dans ce domaine, nous restons trop attachés à des considérations utilitaires : se couvrir pour se protéger des intempéries, ou encore pour répondre aux exigences de la pudeur combattant les désirs illicites, voire pour corriger quelques irrégularités. Ces considérations ou ces motivations ne doivent pas nous faire oublier ce que nous allons commenter : si le vêtement rend bien visibles les clivages sociaux ou les diverses appartenances sociétales, il exprime surtout le sujet dans ses différences et son besoin spirituel d'affirmation de lui-même, bref, nous tenons à mettre en évidence sa dimension anthropologique et même ontologique, tant nous nous rallions à la formule selon laquelle le « paraître » ou l'habit dit l'être qui le porte. La philosophie n'a pas assez pris en compte « le moi vêtu » qui se désigne en se cachant. L'examen de ce que nous portons et de ce que cela implique nous semble l'un des axes prometteurs de la psychologie : celle-ci doit donc s'employer à ressaisir l'ego, non en lui-même mais dans ses manifestations. Nous ne contestons pas l'existence de ce moi, encore faut-il le chercher et l'étudier là où il se trouve. L'appréhension directe (le moi par le moi) conduit dans une impasse ; la remarque est générale : l'être ne se replie pas sur lui mais toujours s'exprime et s'affirme.

D'avance, nous concevons les hésitations ou alors l'emballement d'une femme au moment de décider de sa toilette : laquelle choisir ? Il est d'ailleurs probable que celles entre lesquelles elle balance ne manquent pas d'un air commun. Mais pourquoi cette incertitude ou le contraire, une rapide décision ? Cette femme n'ignore pas qu'elle s'expose ou se trahit, ce qu'elle souhaite, en même temps qu'elle le refuse : elle préfère une révélation différée, partielle, douteuse même. En somme, elle est écartelée et attaquée par la contradiction, ou du moins l'ambiguïté. Chacun se souvient de la jeune fille que décrit Sartre dans *L'être et le néant* : elle flirte ; elle abandonne sa main chaude entre celles de son partenaire, mais aussitôt elle ne le sait plus, la main repose alors froide et inerte ; fonctionnerait « la mauvaise foi » ; elle joue les deux conduites opposées en même temps.

La philosophie extérioriste que nous voudrions légitimer trouvera dans la « tenue » un terrain de choix, s'il est vrai que la psyché s'inscrit en elle, mais se dresse une difficulté comparable à celle que nous venons d'esquisser : d'un côté, il convient d'être vêtu comme tout le monde, sinon on est vite remarqué et même moqué ; on perd les bénéfices d'un habillage ; d'un autre côté, on doit être mis de façon un peu « originale », sinon on est confondu dans le tout. Nous savons déjà comment la femme habile se tire de ce dilemme : elle ressemblera aux plus notables, s'inspirera des plus ingénieuses, rejoindra ainsi un « groupe » dans le « groupe » plus large. Elle échappera à la banalité sans tomber dans l'excentricité qui la particulariserait à l'excès (d'autres aussi sont parées comme elle).

Sans attendre, il pourrait nous être objecté que le manœuvre, le simple ouvrier ou le commis - ainsi que l'ont noté les sociologues, Halbwachs en tête –, n'accorde aucune importance à sa tenue ; il lui suffit d'endosser une blouse grise ou un bleu ou même une salopette ; d'ailleurs, dans son budget, indicateur de ses besoins, la nourriture l'emporte largement sur l'habillement, qui en sort « inessentialisé » et sacrifié. Mais n'excluons pas que ce dédain pour ce qui touche au vêtement signifie une opposition à un univers de représentations et de pseudo-élitisme. A travers ma tenue rudimentaire, – continuerait le travailleur dans son treillis – j'affiche mon côté résolument plébéien, je donne dans un certain matérialisme sain, rejetant les manières et les afféteries, propres aux désœuvrés. Je ne donne pas dans le débraillé mais j'opte pour l'utile, le tissu résistant, solide (le coutil, la serge, le chanvre écru) et non pas le satin ou le lamé. Je ne tiens pas à renouveler mes habits, je les conserve le plus possible, grâce à leur rudesse. Les élégants vivent dans les apparences, l'enrubanné et les effets – le social, ses mensonges, ses roueries –

alors que, pour ma part, j'évolue parmi « les choses » ; ma tenue correspond à mon occupation, à mon relatif déclassement, à mes valeurs. Notre philosophie selon laquelle l'habit affirme moins le corps que le psychisme n'est donc pas en échec : une mise assez revêche et non renouvelée traduit un état et, plus encore, une sourde protestation.

A l'opposé de notre point de vue, il nous sera encore affirmé que « n'importe qui, pour un rien, change de vêtement » : n'est-ce pas la preuve d'un aspect contingent et donc secondaire ? Nous qui comptons saisir le psychisme sur le dehors, nous ne pouvons pas tabler sur un facteur aussi variable... Toutefois, il faudrait s'assurer que le changement en est bien un : modifier sa tenue, selon l'heure ou les occupations, ne signifie pas qu'on renonce à ce qui vous distingue. Surtout nous devons admettre des « temps morts » en ce sens que – il faut l'accorder – quelques travaux exigeants appellent une tenue fonctionnelle non significative et strictement protectrice. N'allons pas chercher là des signes d'individualisation !

Mais notre analyse va toutefois se heurter à un obstacle quasiment insurmontable : pour fortifier notre thèse, il nous faudrait envisager quasi-cliniquement un sujet dans ses décisions vestimentaires et tenter de dégager, à partir d'elles, ses implications profondes, à la fois sociales et surtout personnelles.

Nous sommes condamné, à l'inverse, aux généralités et donc à ne développer que des considérations de type sociologique, puisque nous n'envisagerons que des « parures de groupe » et d'autant plus que, à l'intérieur d'une communauté donnée, tout conduit à un certain alignement, ce qui, par définition, accroît le côté collectif.

Nous n'en développerons pas moins quelques arguments en faveur de la thèse selon laquelle « l'habit fait bien le moine » ; bref, nous nous attacherons à l'aspect psychologique de ce dont nous nous vêtons. Balzac l'a remarquablement souligné aussi bien dans son *Traité de la vie élégante* que dans sa *Monographie de la presse parisienne*. « Il est un fait, – écrit-il – qui domine tous les autres. L'homme s'habille avant d'agir, de parler, de marcher, de manger ; les actions qui appartiennent à la mode, le maintien, la conversation, etc. ne sont jamais que les conséquences de la toilette. Sterne, cet admirable observateur, a proclamé de la manière la plus spirituelle que les idées de l'homme barbifié n'étaient pas celles de l'homme barbu... Nous subissons tous l'influence du costume. L'artiste en toilette ne travaille plus. Vêtue d'un peignoir ou parée pour le bal, une femme est bien autre : vous diriez deux femmes »[1].

Au XIXe siècle, chacun le sait – on devrait même retenir la date de 1835 – l'homme tout d'un coup, ainsi que la femme, cessent d'appartenir au même ensemble vestimentaire, celui du somptueux. S'impose un net dimorphisme, l'industriel ne se pare plus, il ne porte que du noir ou un bleu sombre, tant pour sa redingote incommode (ennemie de toute polychromie comme des colifichets) que pour sa jaquette et ses basques. Le brillant, la fantaisie ont complètement disparu ; ne subsistent que quelques reliquats du passé à travers les rares ouvertures, – la cravate, le gilet qu'on voit à peine ou, plus encore, la doublure qui reste cachée ; et encore ces restes de l'ancienne ostentation ne donnent pas dans le trop clinquant et ne remettent pas en cause le système de l'austérité. Le linge lui-même a perdu sa souplesse ; il est amidonné là où il se voit, afin que soit conservée la raideur et que n'apparaissent pas les plis consécutifs aux mouvements du corps. Il est encore soumis au « bleu » pour que le blanc en devienne plus froid et renonce à sa luisance. Du costume lui-même, il convient, par tous les moyens, d'effacer ce qui en indiquerait l'usage ainsi que la présence du corps (le fer, de temps en temps, se chargera de le rajeunir en quelque sorte). L'homme, de son côté, évitera les gestes rapides ou violents, les fruits de l'incontrôle. « Il sait marcher, s'asseoir, se lever, manger, parler, en dérangeant le moins possible l'ordonnance de son vêtement ; il imite les mannequins de bois à tête de cire qui servent à exhiber l'idéal du costume parfait »[25]. Il va de soi qu'ont disparu tous les accessoires d'hier : les dentelles, les broderies, les rubans, le jabot, les paillettes et toutes les marques diverses. Triomphe l'uni et l'austérité.

Quelle est la raison d'être d'un pareil dénuement, de l'éviction de tout ce qui pourrait rappeler le corps (l'instinctuel, le désir), de cette

1. Balzac, *Traité de la vie élégante*, in Œuvres Complètes (Œuvres diverses), Paris, 1902, pp. 262-3.
2. Edmond Goblot, *La barrière et le niveau*, Ch. La Mode, p. 76.

froideur ? L'homme d'affaires ou de responsabilité économique entend se montrer non comme un « pur esprit » mais comme celui qui décide et assume par sa compétence de lourdes responsabilités (ingénieur, chef d'entreprise, fonctionnaire d'autorité). En quoi réside désormais sa supériorité ? Non pas dans les colifichets ou ce qui relève de la frivolité, mais dans sa domination des problèmes et la rigueur des solutions. Il est une volonté. Il se doit en conséquence de sacrifier à l'extrême propreté (pas la moindre tache sur son costume, parce que se révèlerait sa maladresse, la non-maîtrise de soi), à la simplicité (il n'est pas accaparé par ce qui appartient à la vanité) ; il est entièrement préoccupé par la marche des affaires, la domination de lui-même (pas le moindre laisser-aller), et, pour couronner le tout, la distinction, au nom de quoi il se sépare « des autres » tentés par un habit plus flatteur.

Il se détourne du dandy – le mondain ou le parasite – qui donne dans l'extravagance, les signes extérieurs. Mais le plus avantageux vient de ce que ce costume, qui a perdu son éclat, sa souplesse, s'avère inimitable, parce que celui qui veut le copier n'a pas bien compris que son austérité est compensée sourdement par la qualité de l'étoffe (l'alpaga, le cachemire, le mohair). Et lorsque des inférieurs empruntent la forme stricte de ce costume quintessencié, ils dépassent d'abord la mesure et ne savent pas s'en tenir au « presque rien » (signe du raffinement). Comme il y a peu en lui, ils croient devoir lui ajouter mais, à ce moment, ils perdent tout. Le vêtement qu'on jugeait dépouillé assure davantage que dans le passé, où il était orné, les séparations (le goût). De plus, ce qui accroît l'écart, les imitateurs ne donnent pas assez d'attention au tissu (d'où leur recours à la serge, au coutil, voire aux synthétiques).

Cette conclusion rejoint, pour l'essentiel, celle des sociologues ; mais nous voudrions aller plus loin et plutôt que d'indiquer le groupe à travers le vêtement, atteindre l'« ego » et ses choix, tant l'individu se trahit à travers ce qu'il porte.

Certaines professions se signalent sans peine par l'ampleur ou la vastitude de leurs toges, de leurs capes, de leurs chasubles, de leurs robes (le magistrat, le prêtre, le professeur, etc.). Si tous tiennent à se glisser dans d'assez vastes formes, c'est qu'ils cherchent à effacer leurs particularités individuelles, tant ils visent l'universel (la justice, la révélation, le savoir). Ici encore, l'habit ne renvoie pas à un certain sujet ou un psychisme qu'il traduirait, mais à une famille ou une fonction. Au Moyen-Age encore les malades étaient évités parce que repérés grâce à leur tenue : le rouge pour les victimes de l'épidémie, le vert pour les fous. L'emporte toujours le collectif, tandis que nous souhaiterions apercevoir quelques bribes du moi dans ce qui le couvre, c'est-à-dire le découvre.

A vrai dire, les deux niveaux – le social et l'individuel – ne devraient ni s'exclure ni même s'empêcher ; ils peuvent s'ajouter l'un à l'autre. La simple manière dont on use des signes ou des marques d'un groupe devrait suffire à repérer le côté anthropologique, ce qui particularise. La suprême distinction se conçoit, en effet, dans l'art avec lequel on conjugue les deux, – à la fois la classe dont on relève mais aussi la note personnelle qu'on y ajoute –, celle-ci moins évidente que la signature sociale.

Nous ne saurions nous dispenser de réfléchir sur un cas relevé dans une Revue de Psychiatrie, où affleure justement la note originale : en la circonstance, il s'agit d'un chirurgien-dentiste vêtu d'un costume du dernier cri, à couleur jaune-vert clair, portant des chaussures voyantes, souples (du latex sans doute, pour la semelle), des gants, comme on dit, « beurre frais », le tout à l'avenant. Cet homme, par cet étrange accoutrement, rompt avec les stéréotypes sur lesquels s'alignent ses semblables ou confrères (le noir, le sombre, la tenue classique). Déjà, le fait qu'il ait embrassé le métier de chirurgien-dentiste conduit à des interrogations connues (l'arracheur de dents, l'intervention dans l'ouverture de la bouche). Nous devons noter que, dans l'exercice de son art, non seulement il applique scrupuleusement les règles canoniques mais est exclue la moindre note personnelle. Il ne se sépare de ses confrères ni par des considérations théoriques propres à lui ni par une pratique singulière. Toutefois, il s'emploie à limiter ou à différer les décisions dites sanglantes. Il a été jusqu'à confier à l'un des membres de la profession le soin de procéder à un « arrachage » un peu délicat. Relions vite ces deux extrêmes : un habit de séducteur, une conduite professionnelle particulièrement timide ; d'un côté, il s'impose, de l'autre, il s'efface. N'excluons pas que ce faux original compense son aboulie par une rébellion vestimentaire. En somme, il cache sa mansuétude avec des moyens ostentatoires. Au bout du compte, les questions affluent : est-ce un Don Juan ou un sujet en proie à des contradictions ? Ne veut-il pas effacer ce qui « affecte » son métier – une motivation sadique ou sexuelle ? Les deux moments – le mondain et le « non-violent » – peuvent aussi se fortifier l'un l'autre.

Ici nous nous trouvons en pleine psychologie (le costume y conduit) mais nous ne tenons pas à limiter celle-ci à des constatations ; nous lui préférons une anthropologie qui facilite les changements ; nous serions prêt à aider ce praticien à se rééquilibrer, à limiter ses provocations vestimentaires ou du moins à s'interroger sur celles-ci, car si le sujet s'est libéré d'un côté, de l'autre, il n'a pas surmonté les difficultés qui l'assaillent.

Autant l'homme, comme nous savons, a renoncé aux ornements, à tout le décoratif ou aux moyens extérieurs qui indiquaient sa dépendance, sa servilité, au bénéfice d'une tenue indicatrice de sa seule autorité et de ses capacités organisatrices (déjà, en 1789 la tenue des députés du Tiers-état avait été remarquée tant elle différait de celle des autres ordres, avec leur jabot, leurs dentelles, leurs boucles aux souliers, leur pourpoint), autant la femme donnera dans l'élégance et une somptuosité telle qu'elle ne pourra pas être copiée.

Elle assume un autre rôle, celui de signaler ce que son mari a abandonné, le décorum, la puissance pécuniaire. Comme l'a remarqué Thorstein Veblen dans sa *Théorie de la classe de loisir* (Ch. VII, L'*habillement, expression de la culture pécuniaire*), cette consommation oblige la femme à tenir lieu de faire-valoir d'un homme qui a remplacé les bijoux et fantaisies par un costume masculin dépourvu désormais de tout ornement. Moins on en comptera ici, plus on les multipliera là !

Il importe aussi de se protéger du pire – l'imitation qui vous prive de l'excellence, de cette singularité par laquelle on tranche ; mais, comme nous le savons, il ne faut pas non plus se « faire remarquer ». Il faut, en quelque sorte, à la fois parler et se taire.

Afin de tenir les distances par rapport à celles qui essaient de vous rejoindre et de vous voler votre victoire, la mode variera beaucoup et vite, passant d'un extrême à l'autre, du court au long, et inversement, de l'ample (la robe cloche) à l'ajusté (la robe-tube), de la longueur et de la largeur du décolleté « au collet monté », de l'incommode à ce qui semble plus humain et moins contraignant. Nous sommes obligés de noter que ces inversions de tendances ne donnent pas toutes les mêmes effets : on ira plus facilement du long au court (la réduction) que du court au long (l'augmentation : celle-ci a même conduit quelques suiveuses à un rattrapage assez bancal, l'intercalation de bandes d'un tissu différent mais afin de rejoindre peu à peu la longueur recherchée ; mais qui ne voit la pauvreté de cette réplique, qui confond celle qui y recourt ?)

La femme affectera d'être déchargée de toute occupation comme de toute besogne ; elle se mue en vitrine ; elle ne songe qu'à résoudre le problème que nous traitons « être originale, sans être une originale ». Ainsi elle n'hésitera pas, au début du XXe siècle à en appeler à une stratégie audacieuse, celle qui a consisté à montrer ses jambes (avant de dévoiler ses seins), ce qui revient à défendre une sexualité moins bridée ; certaines jupes sont devenues courtes parce qu'elles étaient longues mais aussi parce que la plupart des femmes ne peuvent pas aller jusqu'au point qui implique l'émancipation par rapport aux interdits, à la contrainte morale ; souvent, dans les classes dites inférieures (la petite bourgeoisie) continuaient à régner la pruderie, le puritanisme (ou la guerre à tout ce qui évoque le dévergondage). C'est pourquoi on réussit, par cette audace qui consiste à ne plus respecter les tabous, à éloigner nettement ses concurrentes qui ne peuvent pas suivre.

Finalement, nous demandons tant à l'homme qu'à la femme de résoudre un difficile problème, celui de satisfaire à deux tendances opposées : d'abord, le mari (ou l'amant) est tenu à la sobriété, à l'extrême discrétion (il n'est que compétence) mais aussi à quelques rares notes qui vont égayer ou personnaliser son costume (il ne ressemble à personne d'autre). Ou encore il doit virer vers un peu d'élégance, bien qu'il maintienne la raideur ou le dépouillement de sa tenue (le drap uni). Et quant à la femme, elle portera les emblèmes de son rang et de son clan, elle ne craindra pas un peu d'ostentation mais devra empêcher ses proches de la rejoindre, sans chercher pour autant le tapageur. Elle ne retiendra que ce qui la distingue, sans la « montrer ». Et nous croyons justement entrevoir le psychisme (ou l'ego), si nous prenons en compte la manière dont les uns et les autres règlent ce problème.

Mais nous sommes arrêté par deux autres difficultés : d'abord, nous devons comprendre l'apparition d'une néo-bourgeoisie qui affectionne le débraillé ou le sauvage, voire quelques traces de vulgarité. N'est-ce pas l'opposé de ce que nous avancions ? Toutefois, à force d'être menacé par ceux qui les entourent et les imitent (la marée que nous décrit Balzac : celle des bureaucrates, des commissaires, des propriétaires, des hauts fonctionnaires) le néo-bourgeois emprunte à la femme sa ruse : celle-ci a frayé avec le débauché, elle a même forgé les canons d'une audacieuse érotico-esthétique, pour éliminer ses concurrentes, de même l'homme optera pour l'outrancier, le mauvais goût, un peu d'esbroufe, ce que les timides ou les traditionnels ne pourront pas adopter. Il s'agit donc là d'une habile défense et d'une protection.

Mais le plus notable aujourd'hui, c'est que nous assistons à un bouleversement – rien moins que la fin de la dimorphie vestimentaire ; la femme s'habille comme l'homme : le pantalon, le jean, le pull-over, le blouson, la casquette même. De son côté, l'homme emprunte à la femme : les cheveux longs, le foulard, les couleurs, les lunettes de soleil, etc. L'actuelle société refuse l'ancienne dualité : dans les bureaux et administrations, hommes et femmes se confondent dans leur apparaître. Nous ne doutons d'ailleurs pas que cette révolution s'accompagne d'effets psychologiques, la naissance et l'irradiation d'états interpsychiques, voire une intersexualité, tout ce qui tend à féminiser l'homme comme à masculiniser la femme.

Les sociétés contemporaines ont aussi créé un marché en plein développement, celui de l'adolescence, ce qui vient brouiller encore le jeu ; en effet, l'adulte tendra à prolonger la tenue qu'il avait adoptée à ses débuts. Il s'habillera jeune. Mais nous ne visons pas à rejoindre le sociologue sensible à la mode et à son influence ; nous ne souhaitons que retenir l'importance de l'habillement (l'apparente extériorité) pour caractériser l'individu.

☆

Nous venons d'évoquer deux axes d'analyse, le visage dans sa mobilité expressive et la mode vestimentaire particulièrement évolutive, parce que, tous deux, à leur manière, fondaient la psychologie et légitimaient son laboratoire instrumental, grâce auquel étaient obtenues moins encore la reconnaissance d'un moi que la mise en lumière de ses potentialités.

La psyché portée au-dehors, telle est notre conclusion. Et nous aurions pu recourir à d'autres procédures d'exploration et de quasi-visualisation, par exemple, l'étude de l'opérotropisme (Quelle occupation professionnelle a été retenue par le sujet ? L. Szondi a lui-même dressé la liste de celles qui correspondaient à tel ou tel profil du moi) ou encore l'examen minutieux de la gestualité, tant les mains continuent à bouger et à trahir celui qui parle et se croit le maître de ses dires. Freud avait déjà noté l'importance révélatrice des moindres mouvements qui assurent « le retour du refoulé ».

Diderot insista sur la vérité de l'expressivité duelle : ainsi, lorsqu'il allait au théâtre, – le lieu des déclamations – il se plaçait aux troisièmes loges, car, écrit-il dans sa *Lettre sur les sourds et muets à l'usage de ceux qui entendent et qui parlent*, « Plus j'étais éloigné des acteurs, mieux j'étais placé. Aussitôt que la toile était levée et le moment venu où tous les autres spectateurs se disposaient à écouter, moi, je mettais mes doigts dans mes oreilles... On me regardait comme un insensé qui ne venait à la comédie que pour ne la pas entendre... Je n'écoutais que quand j'étais dérouté par les gestes ou que je croyais l'être. Mais j'aime mieux vous parler de la nouvelle surprise où l'on ne manquait pas de tomber autour de moi, lorsqu'on me voyait répandre des larmes dans les endroits pathétiques et toujours les oreilles bouchées »[1].

1. Diderot, ouvrage cité, Amsterdam, 1772, pp. 31-2.

A nouveau, nous soulignons l'idée selon laquelle le moi qu'on observe ici ou là nous est donc offert (mais nous suivrons aussi les recommandations de Valéry qui notait que nous devrions perdre les deux tiers de notre temps à essayer de voir ce qui est visible et surtout de ne pas voir ce qui est invisible). Nous devrions apprendre que nous n'avons pas vu ce que nous voyons pour citer l'*Introduction à la méthode de Léonard de Vinci*, 1894[1], mais ce moi ainsi saisi ne se réduit pas à un état ; il enferme en lui une pluralité d'orientations. Nous ne sommes pas un être mais un devenir. « Deviens ce que tu es », assurément mais nous sommes principalement ce que nous devenons. Il est vrai qu'au fur et à mesure nos choix et décisions se trouvent plus limités, parce que le passé se met à peser sur l'avenir. Ajoutons encore que le fait que « tout » (ou n'importe quoi) ne soit pas réalisable pour un sujet donné ne signifie pas qu'il ne puisse choisir entre plusieurs chemins.

1. Valéry, *Œuvres*, N.R.F., 1957, p. 1 165.

CHAPITRE IV

Le sens dessous dessus

Nous savons que la philosophie, depuis ses commencements, a concentré ses reproches sur le « perceptuel », tant la sensation nous abuse, mais surtout, dans la meilleure des hypothèses, - celle où elle ne nous trompe pas – elle ne livre jamais qu'un côté de ce que nous voyons, le frontal ou l'avant de la chose. Elle nous enferme encore dans la bidimensionalité, même si nous parvenons à tirer d'elle des informations qui nous permettent d'en inférer la distance, la profondeur ou le relief ; dans ce dernier cas, celui d'un modeste élargissement, nous ne recueillons jamais que le devant du spectacle, autant dire que l'arrière nous en est refusé.

Nous pouvons assurément nous mouvoir autour de l'objet, le contourner et donc échapper à la mono-perspective, mais, par là, nous ajoutons des vues à des vues et nous finissons par perdre l'unité d'un objet désormais livré à la succession de ce que nous récoltons. Rien n'équivaut à la simultanéité. Nous pouvons encore retourner vite cet objet mais cette manipulation le livre à la pluralité des appréhensions qui défilent. Nous ne pouvons pas espérer tenir, au même instant, les deux côtés opposés ; quand le devant devient l'arrière, aussitôt celui-ci prend la place de celui-là. Et rien ne semble pouvoir nous sauver de notre limitation première.

Le toucher devrait, à la rigueur, nous sortir de cet embarras ; nous tâchons alors, vaille que vaille, d'empoigner à la fois le recto et le verso, encore faut-il que l'objet manque d'épaisseur. Mais rien n'équivaut au visuel et à son ampleur ; et le tactile mêle trop le sujet et l'objet pour nous gratifier d'une sensation contrôlée et discriminante (je touche mais je suis aussi touché). Il faut en prendre son parti : la vue nous fournit le meilleur et le plus sûr mais elle ne s'en accompagne pas moins d'un « non vu ».

Plus encore, comme nous le savons, le donné que nous pouvons observer, bien qu'incomplet, n'est aperçu, le plus souvent, qu'à travers un écran ; nous circulons, en conséquence, au milieu de substances recouvertes, ce qui nous écarte davantage d'elles. Lorsqu'il s'agit de liquides, voire de granulés, nous sommes obligés de les disposer à l'intérieur d'un récipient (l'emballage). Mais il n'est rien qui ne nous arrive empaqueté : l'engin, tant soit peu dangereux, se doit d'être placé sous une carapace protectrice ; et il s'agit là d'un voile qui nous cache son fonctionnement, d'où, un intérieur inaccessible ou seulement supposé. Nous reviendrons sur le fait que, dans notre univers, il n'est plus rien qui nous soit offert tel quel ; un enrobement le dissimule ou du moins l'éloigne de nous. Nous devons même aller jusqu'à reconnaître l'obligation de plusieurs enveloppes : comme il importe de livrer des produits en quantité (transport facile, manutention rapide) l'opérateur dispose ces unités, elles-mêmes sous contenant, à l'intérieur d'un réceptacle qui les fédère (les packs) usant au besoin de bandeaux ou d'un film plastique indéchirable. Et un tel assemblage peut encore être intégré à un plus vaste (le houssage, les palettes). Bref, le multi-recouvrement ne manque pas de s'étendre.

Nous nous proposons de confier à l'artiste libérateur, au plasticien et au peintre le soin de briser cet obstacle comme de résoudre notre difficile problème ; nous croyons que son art consiste à nous révéler un monde dans lequel nous nous mouvons, que nous habitons mais que nous ignorons ; il va le sortir de sa nuit. Il peut se contenter de valoriser et de fêter l'un de ses composants, délaissé ou méprisé. Il parvient aussi à découvrir des perspectives méconnues mais, parmi ses victoires, nous allons nous attacher à commenter celle qui nous livre « l'objet » ou telle ou telle scène, dans sa complétude, nous libérant ainsi de notre prison sensorielle.

L'historien ou le philosophe de l'art protestera sans doute contre une telle interprétation qu'il tiendra pour profanatrice ou seulement trop prosaïque, mais déjà le seul mot d'esthétique implique assez qu'il convient de prendre en compte le sensoriel et de ne pas le négliger. Pour nous il importe que l'art nous aide à renouveler notre emprise sur notre univers et à nous opposer à un percevoir assez misérable. La question s'énonce ainsi : comment déborder le sensoriel (ou le visible ou le phénoménal) sans le quitter ? Comment, demeurant en lui, le transcender ? Ou encore comment l'intensifier au moment même où on l'abandonne ?

Dans le passé, le peintre a mis en œuvre une ruse ingénieuse, celle d'un certain auto-portrait, l'artiste usant alors d'un miroir grâce auquel il se voit de face et qu'il rend sur sa toile ; mais, sur le même tableau, il se peint lui-même de dos, sans nous cacher le devant de la scène ; ainsi nous donne-t-il, dans le même rectangle, l'avant et l'arrière. Entre parenthèses, la manœuvre est rendue possible grâce au miroir qui possède la propriété de libérer la forme de son substrat : alors, je vois l'homme sans l'homme, je vois le visage comme en dehors de celui qui le porte. Mais se voir en train de se voir, se voir à la fois et au même moment de face et de dos, le peintre l'a réussi, non pas pour une satisfaction narcissique mais afin d'élargir notre horizon, d'intensifier notre regard et de nous sauver de notre finitude. L'art moderne – nous allons le mettre en lumière – s'est acharné à venir à bout de la même difficulté (atteindre la méta-sensorialité) mais par des chemins plus inattendus et plus performants.

☆

Avant d'en venir à l'examen des créations artistiques qui nous restitueront ce qui se dérobe à nous, nous savons déjà que les plasticiens seront ou sont confrontés à un difficile problème quasi-matériel, voire physique : célébrer le visible mais surtout l'excéder en même temps. Ils doivent viser non pas un agrandissement du voir, encore moins son éloignement mais, malgré lui, avec lui et en lui, l'accorder avec son opposé (l'envers). Comment coupler en quelque sorte le dessus (la façade) et le dessous (ce qui est oblitéré) ? Est-il possible de prendre en compte l'ensemble de l'enveloppement ?

Préalablement à l'analyse des exploits de la picturalité contemporaine, nous devons nous interroger sur une opération qui s'est voulue plus radicale, et bien que nous doutions de son succès : elle a préféré chasser le phénoménal, décoller de notre monde, rejoindre une sorte de surnaturel. Le programme ne manque pas d'une certaine sublimité : avec les seules lignes et leurs couleurs, ou plutôt, malgré elles, aller au-delà d'elles. Mais nous croyons plus solide le projet qui consiste moins à s'évader (on ne s'évade d'ailleurs pas !) qu'à travailler à un ensemble méta-phénoménal (méta-physique).

Kandinsky allait donner à l'abstraction pure ses titres de noblesse, en dégageant l'art de toute attache à l'objet (le naturalisme) qui a dominé et surtout diminué la picturalité. Il tient à l'affranchir : elle ne visera plus le visible, fût-il renouvelé, allant jusqu'à inclure en lui ce qu'il voile, le seul invisible.

Il convient d'ailleurs de distinguer cette tentative inouïe de celles d'autres Écoles apparemment voisines, celle du néo-plasticisme par exemple, qui s'applique à sortir d'une donnée la loi qui la régit ou qui l'organise, supprimant les détails, l'accidentel, pour ne conserver que la structure, celle de l'immeuble, de la ville même ou de l'arbre en soi, comme celui qu'a peint Mondrian. Ce à quoi on aboutit n'a pas rompu les amarres qui nous relient à notre univers. Une autre École, elle-même ramifiée, s'attachera à substituer au donné, à ce qui nous entoure, ses rythmes intimes, comme son intériorité, d'où un expressionnisme, assez proche d'ailleurs de l'« action painting » ; celle-ci, au besoin, pratique l'écriture automatique, afin que le graphisme traduise notre irritabilité cachée, notre émotionnel, les pulsions qui iront jusqu'à l'égratignure de la toile. Ajoutons à cette phalange libératrice « les monochromes » d'Yves Klein, parce que cet artiste se délivre de l'objet pour mieux saisir l'énergie cosmogonique, le bleu d'un firmament qui déjà l'entoure. D'autres encore élargiront « la notion cardinale d'objet » afin de se soucier des lignes invisibles qui le relient à d'autres, de manière évidemment sourde. Toutes ces prouesses augmentent le champ du « donné » mais ne le révolutionnent pas à l'égal de ceux qui le restitueront dans sa complétude (l'intégralité, l'avant et l'arrière).

Kandinsky se sépare de ces mouvements artistiques qui ont élargi le traditionnel, plus qu'ils ne l'ont quitté. Avec lui, rien ne subsistera de l'extérieur ; il ne veut que « la nécessité intérieure », ainsi qu'il le rappelle sans trêve.

Pourquoi envisager cet art, tant il s'écarte de notre point de vue ? Il va, en effet, à l'opposé (alors que nous nous préoccupons de l'extériorité la plus extérieure, ce théoricien de l'art lui confie le soin de nous affranchir de cette malfaisante tutelle). Mais il nous semble indispensable de mettre en évidence, si possible, que « ce qui est beau en théorie » ne l'a pas été en pratique ou plutôt que la pratique kandinskienne a désavoué cette théorie. Nous tenons à montrer que cet artiste s'est enfoncé dans une impasse (il a travaillé à l'émergence de l'invisible dans le visible qu'il écartait, alors que nous avantageons l'attitude contraire, – voir l'invisible à l'intérieur du visible).

Kandinsky ne manque cependant pas de remarques susceptibles de soutenir son audace : ainsi, outre la guerre livrée à la subordination paresseuse et mimétique à notre monde, Kandinsky condamne le tableau du passé en raison d'une limite propre : le simple renversement de la toile - de haut en bas – ou même une disposition irrégulière aussitôt le décompose, parce qu'alors se brise son fondement, l'allégeance au monde extérieur ; dès qu'on modifie tant soit peu cette référence, il se brouille. La peinture abstraite, à l'inverse, tire sa puissance d'elle-même et d'elle seule.

Kandinsky nous rappelle encore qu'il fut jadis subjugué par un « Monet », la toile « Meules ». Le catalogue de l'exposition, comme d'ailleurs le titre du tableau, avaient beau indiquer qu'était ici représentée une meule de foin, Kandinsky n'en distinguait pas les contours. « Meules » l'enthousiasma d'autant qu'il fêtait l'éblouissante couleur, délivrée de l'antique subordination. Et qu'entend nous proposer Kandinsky lui-même, sinon la reconnaissance d'une complète autonomie de la forme, ainsi que la violence de la couleur, délivrées l'une comme l'autre de la contingence comme des déterminations ordinaires ? Et Kandinsky ne retient que ces deux opérateurs de son art, lui-même empreint de mysticité, parce qu'il renvoie à la théosophie qui nous met en communication avec le divin.

D'abord est accordée à la couleur une énergie propre ; le jaune, terrestre, avance vers nous, d'un mouvement horizontal, tandis que le bleu s'éloigne, lui-même froid et céleste. Outre ce prétendu déplacement en direction du regardant, notons encore que le jaune rayonne ou diffuse, mais que le bleu se rétracte et se concentre. D'autres transformations sont encore à prévoir : ainsi, dès qu'on éclaircit le jaune puisqu'on le mêle au blanc, il deviendrait plus froid ; il prend un aspect maladif. Par là, nous voyons comment les couleurs agissent entre elles, mais surtout sur nous, touchant notre âme, du seul fait de leur tonalité. Au passage, mentionnons que Kandinsky en appelle à des considérations médicales pour se justifier : l'immersion du malade dans le vert, apaisant et immobilisant, lui restitue son équilibre ; il convient aussi à l'homme fatigué.

Le second opérateur – la forme – doit désormais être travaillé, non plus selon son sens surfacial ni comme moyen de délimitation, mais comme un être, par lui seul signifiant : le triangle, qu'il soit isocèle ou rectangle, nous apparaît alors comme « une substance subjective, dans une enveloppe objective ». Kandinsky nous apprend à saisir le cercle ou le trapèze ou le losange mais en dehors de leur configuration géométrique, plutôt comme des concentrés d'expression (surtout lorsque la forme est voilée et ne va pas jusqu'au bout d'elle-même ; dans ce cas elle n'en parle que mieux à l'âme).

Il va de soi que ces deux paramètres se coefficientent, le jaune, par exemple, intensifiera l'aspect pointu de telle ou telle figure, tel le triangle lorsqu'il repose sur l'un de ses angles, encore qu'en principe nous devions dissocier la couleur de la forme, la première pouvant franchir les limites à l'intérieur desquelles la seconde risquait de l'enfermer. Kandinsky devait aussi accorder de l'importance au « point » qui varie quant à ses dimensions, son scintillement, sa tension, éventuellement ses dentelures. Nous sommes si éloignés de l'empirie que le minimal (« le point ») compte davantage et nous frappe plus que le volumineux. Ajoutons encore que le résultat final variera selon que telles ou telles lignes sont regroupées ou non avec d'autres, en vue de la « composition ».

Mais pourquoi annoncer un relatif échec de cette tentative de liberté audacieuse et de dénaturalisation ? C'est que Kandinsky continue, selon nous, à puiser dans l'univers des surfaces dites expressives (les multiples droites, la spirale aussi, l'entrelacs, la granulation). Rien n'est plus lié à notre monde que ces schémas archétypiques, ainsi que les couleurs.

Et lorsque le projet d'échapper au sensible semble réussir, est-ce que cet art ne tombe pas du côté de l'arbitraire ou du pur formalisme ? La critique ou l'opposition la plus rude à cet art est venue de ce qu'elle allait vite promouvoir : la roue de bicyclette, la poubelle qu'on fouille, les flaques de polyester, les décompositions, les reliefs d'un repas, la pourriture même. Le réel qu'on a chassé va se venger et envahir la picturalité. Un travail trop cérébral en quelque sorte appelle ce juste correctif, l'éloge du détritique et de l'assemblage chaotique.

Nous nous livrons à un exercice que nous croyons confirmatif de nos réticences, un bref commentaire de « Contact » (1924). Il s'agit d'un ensemble de cercles, de multi-triangles, de points, d'un quadrilatère. Comment ne pas être arrêté d'abord par le vaste triangle (au milieu) dont deux extrémités viennent mordre sur les deux sphères, se superposant à l'une et s'apprêtant à perforer l'autre. Lui-même est traversé par des lignes variées, dont l'une franchement ondulante. Nous nous demandons si l'humanité ne fête pas ici son statut, sinon sa victoire : en effet, le triangle en question signifie une existence qui relie la terre et le ciel (une terre rougeâtre, un ciel bleu) ; et il accueille des droites qui le traversent et s'en nourrissent. C'est du moins là une interprétation et, du même coup, la preuve que nous n'entrons pas ici dans le surnaturel, puisque serait exposée la présence humaine médiatrice ; bref, il s'agirait d'un tableau anthropologique.

De plus, à la partie inférieure du tableau, nous observons une pluralité de triangles (six) de volume inégal, avec des proportions minimales, tous fixés (tête en bas, pour ainsi dire) sur un support neutre et plat ; un tel ensemble exprime probablement l'opposé de ce qui se trouve au centre. Il semble aussi qu'au-dessus de ces pluri-triangles ait été dressé un mur qui rend captives ces unités, à moins qu'il ne s'agisse d'un écran qu'elles seraient censées regarder. Dans ces conditions, ne sommes-nous pas en présence d'une variante de « l'allégorie de la caverne platonicienne » ? D'un côté, une libération large, de l'autre, des aliénés emprisonnés et séparés.

Finalement Kandinsky, à son insu, s'alignerait sur la thèse du roman de Balzac – *Le Chef-d'œuvre inconnu* –, Frenhofer le peintre tentant en vain de rendre, lui aussi, l'inaccessible.

☆

Nous n'accompagnerons pas Kandinsky dans ses projets, tant il tourne le dos au réel, du moins le croit-il : pour nous, l'art actuel consiste à s'attacher à notre monde.

Il nous sera tout de suite opposé que nous réduisons l'ambition artistique, puisque nous l'affectons à une tâche particulièrement modeste, l'assujettissant à l'objectivisme ou à la reprise de ce qui nous environne. En vérité, il s'agit moins de coïncider avec l'univers que d'abord de nous libérer de notre propre encerclement, moins élargir la visualité que l'obliger à prendre en compte ce qu'elle-même nie ou du moins annule quasi-obligatoirement (le verso). Il convient alors de découvrir un autre monde que celui dans lequel nous évoluons – non pas un « arrière-monde illusoire » –, mais notre monde, délivré de la pire de ses limites, celle de l'opposé à lui-même.

Plus précisément, nous comptons sur les plasticiens pour sauver le sensible, susceptible, grâce à eux, d'enrichissement, et surtout capable d'inclure dans le visible le prétendu invisible.

D'ailleurs, l'histoire de l'art nous renforce dans notre conviction ; encore que nous n'évoquions ici que quelques-uns de ses tournants. Dès le début, le créateur a cherché à s'emparer de ce qui l'entourait et qu'il fêtait, les grands personnages, les paysages, les événements majeurs, les drames historiques, un épisode religieux, une scène de genre, etc. Il importe de sauver de l'oubli ce que les générations doivent apprendre à méditer. Lorsque la photographie ou les instruments d'enregistrement quasi-mécanique se développeront et pourront s'acquitter de cette tâche mnémonique, le peintre s'engouffrera dans ce qui nargue ces techniques de l'époque : il assumera la couleur (l'impressionnisme) puis le mouvement (le futurisme, entre autres), enfin l'expression qui sacrifie les détails (le fauvisme).

En même temps qu'il s'emparait du plus subtil, l'artiste comprenait aussi qu'il restait encore, par quelque côté, le prisonnier de l'apparence, de là, son souhait d'aller au-delà de celle-ci. C'est pourquoi nous tenons la pratique collagiste pour décisive, comparable au ready made de Marcel Duchamp, de la même époque (le début du XXe siècle) : elle consiste à insérer dans un coin de la toile des miettes du réel qu'on a abandonné et qu'il faut tenter de rejoindre (des fragments divers, des bouts de ficelle, des timbres usagés, le relief d'un quelconque papier, etc.) En même temps, était brisée la cohérence picturale, d'essence mensongère, trop soumise à l'hérésie idéalisante. Ces brins, sans rapport entre eux, introduisent non seulement un peu du réel sacrifié mais aussi le multiple, ce qui heurtait et gâchait le thème central.

L'art contemporain prend la suite de ce qui, dès le départ, s'esquissait et allait vite s'amplifier, à tel point qu'aujourd'hui le peintre renonce à son chevalet, à ses brosses ou pinceaux, rejoignant le sculpteur, n'hésitant pas à entrer dans le tridimensionnel, nous proposant non plus des représentations mais ses installations.

Parmi les artistes que nous allons mobiliser, en vue de notre thèse, à savoir la réhabilitation du réel intégral et surtout d'un visible alors revalorisé, nous comptons sur Christo (Christo Javacheff, un Bulgare né en 1935) qui a trouvé et appliqué une réponse originale : il s'emploie à envelopper, d'un tissu assez flottant et souvent coloré, un paysage entier, ou le plus banal ustensile (un fauteuil notamment) ou le pont d'une vallée, ou un immense bâtiment ou une statue (celle de Victor Emmanuel en Italie) ou une femme (en 1962) ou même de l'air (Air package). Bref, rien n'est épargné. Après une semaine ou deux, Christo découvre ce qu'il a si bien enrobé ; nous assistons donc à une sorte de résurrection. Comme nous voyons peu ou mal, sinon pas, pour nous sauver de cette cécité, voire de l'indifférence à notre monde, – résultat de l'habitude qui nous rend aveugle – l'artiste a eu recours à un audacieux traitement : il nous retire ce qui, tout à coup, se met à nous manquer (ou du moins à nous intriguer) ; nous commençons à le remarquer – fût-ce dans le négatif – ce qui enflamme le désir du retour ; justement, après l'attente, Christo nous restitue ce qu'il avait complètement aboli.

Pourquoi cet enrobement ? Les morts, comme on sait, – dans l'irréel de la symbolique – vont connaître le rajeunissement : ils sont drapés dans des suaires, de même que jadis les momies étaient entourées de bandelettes ; ils ressemblent aux nourrissons qui sont langés. L'habillage contient, retient ce qu'il enchâsse ; il s'oppose à la dislocation. La mise au tombeau se chargera de prolonger, d'intensifier cette opération : il s'agit par là d'un enveloppement supplémentaire, au second degré, tant nous aspirons d'ailleurs aux multi-emboîtements (la seule maison que nous habitons correspond à une inclusion ; tout nous rappelle les poupées gigognes). A travers ce cérémonial, nous croyons que le mort entame un processus de reviviscence ; les proches espèrent un possible retour, tant il est protégé, maintenu, enfermé.

Christo va avoir recours à cette procédure de l'imaginaire, qui glorifie et sacralise ce qu'elle commence par cacher. Et nous apercevons plusieurs raisons qui justifient cet art, grâce auquel nous rejoignons notre monde. D'abord, nous nous attachons désormais à ce que nous venons de perdre : il nous revient plus présent et plus proche, après une nuit de quelques jours dans laquelle il est descendu. De plus, seconde raison, Chrito a compris qu'on ne montre bien que ce que l'on dissimule : par cette sorte de crispation ou de focalisation, on l'aimante. Paradoxalement, le revêtement découvre (c'est bien le mot qui convient) ce qu'il semblait avoir effacé. Au passage, notons le renversement esthético-doctrinal : en effet, Edgar Poe, dans ses *Histoires extraordinaires* (traduites par Charles Baudelaire) – *la Lettre volée* – tout particulièrement, nous a persuadés que « montrer, c'est cacher » puisque nous ne savons pas voir, mais, avec Christo, « c'est plutôt cacher qui est montrer ».

Cet art de Christo, à l'en croire, lui aurait été inspiré par ses premières occupations : le système communiste l'avait chargé, en tant qu'élève de l'École des beaux-arts, d'embellir les machines (les tracteurs, les moissonneuses, les chariots) ainsi que les paysages ou champs cultivés, ceux que l'Orient-express traversait, afin d'éblouir les voyageurs (les Occidentaux). Mais, il n'en est pas moins vrai que Christo, par la suite, modifiera du pour au contre cette pratique, celle de la vitrine : en effet, alors que celle-ci illusionne et ne cherche qu'à tromper, l'enveloppement ne sert qu'à mieux sortir de l'ombre et à exalter ce que nous ne remarquons pas assez. La propagande ment, alors que l'art de l'emballage provisoire au contraire révèle.

Cette pratique artistique appelle, selon nous, plusieurs remarques : elle frappe d'abord par son gigantisme sans égal, puisque Christo s'est employé à « empaqueter » des îles entières (onze îles même), des montagnes, des ponts (dont le fameux Pont Neuf de Paris). Par là, Christo se situe aux antipodes de la picturalité classique, elle-même subordonnée, pour l'essentiel, au système muséal, à l'accrochage au mur, ce qui impose non seulement le format, mais tout un attirail, le cadre, les règles du genre et donc jusqu'au contenu. La logique de l'emboîtement-désemboîtement s'oppose à cet art fondamentalement diminutif.

Mais Christo ne paie-t-il pas cher cette révolte, puisque ce qu'il aura entrepris (le voilage) ne durera pas et connaîtra l'extrême précarité : il ne lui a été permis d'entraver la circulation qu'une quinzaine de jours, après quoi il lui faut enlever les kilomètres de corde et de soie dorée. Mais s'il est vrai que l'original sera vite détruit, les photographies, les films et tous les moyens d'enregistrement (y compris les plans) s'attacheront à la conservation de cette dramaturgie. Nous nous souviendrons de ce qui aura été annulé, pour mieux revenir à nous.

Ce qui enlève encore à ces réalisations leur aspect sulfureux et même leur côté théâtral, sinon fantastique, c'est que la plupart des contemporains de Christo ont eu recours à cette stratégie de l'emballage ou de l'inclusion : la cage, la boîte ont envahi l'art de nos jours (Giacometti, Boltansky, Beuys, sans oublier Joseph Cornell). Pourquoi cette fascination ? Peut-être en raison de la réversibilité qui peut se jouer : je la ferme et je l'ouvre, je recouvre mais je dénude. S'opère ici la dialectique du dehors et du dedans, un dehors qui abrite ou oblitère le dedans mais qui se hâte aussi de nous l'offrir. N'y a-t-il pas là, avec cet enrobement suivi de la révélation, un dessein anamorphotique qui enchante ?

Nous allons jusqu'à avancer, pour cet empaquetage apparemment anodin, une explication voisine de la précédente mais un peu plus compliquée, comme si l'enfermement provisoire cherchait à atteindre un autre but : avec lui, tout est renversé ; ce qui était extérieur devient tout d'un coup intérieur, mais le dessus aussitôt retranché, l'intérieur redevient extérieur. Dans ces conditions, nous sommes à l'opposé de notre secrète philosophie qui ne cesse pas de disqualifier le visible ou l'écran, au profit d'un intérieur qui serait caché. Impossible ici d'imaginer un intérieur pour l'intérieur, tant les deux extrêmes coïncident et ont échangé leur statut. Et cette réalisation rentre dans le groupe plus large des esthétiques ou des philosophies qui s'attachent à la « manifestation » et non pas au retrait, encore moins à l'indétermination, d'où la valeur de la monstration, ici alternée puisqu'on cache d'abord ce qu'on exposera ensuite et d'autant mieux.

Est libérée comme elle ne l'a jamais été la phénoménalité, reconnue dans la surprise et la plénitude. La dénudation nous la livre : non seulement joue ici la théorie de la résurrection, après le moment nocturne, mais surtout puisque le dehors a été mis au dedans et réciproquement, – le même capable, pour un rien, de devenir l'autre – cette métamorphose du même en son contraire, une telle promotion de l'être sensible, ne peut que nous retenir, sinon nous émerveiller.

Sans aller jusque-là, nous tirons de ce spectacle l'enseignement suivant : le voilage que Christo jette sur les aspérités de notre univers ou sur ses immensités, voire sur l'insaisissable, nous permet déjà de les mieux apercevoir ; ce qui a été, un instant, clôturé et comme déguisé nous revient dans son originalité. L'artiste a été défini comme un voyant, mais c'est plutôt le spectateur qui mérite ce nom, puisque le plasticien lui apprend à mieux remarquer ce qu'il apercevait mal. De plus, nous transcendons ici le perçu ou le sensible mais sans y renoncer ou l'abandonner, Christo illustrant la définition même de l'œuvre d'art (une sorte de mensonge ou de feinte qui permet de mieux retrouver ce qu'on venait de perdre).

☆

Nous pensons que tous les contemporains vont dans ce sens, celui que nous avons cru discerner dans les réalisations de Christo, mais nous ne pouvons pas les passer tous en revue ; nous nous arrêterons à deux d'entre eux, tant ils vérifient notre thèse, celle de la glorification du phénoménal capable d'inclure en lui de l'inatteignable (en d'autres termes, la recherche de l'absolu, ou, sinon celle de l'absolu, celle de l'illimité ou de l'inconnu).

Le visuel, comme on sait, a été sévèrement attaqué et nous avons dû préalablement lui épargner une partie de ces critiques, afin qu'il soit susceptible d'assumer le rôle décisif que les artistes lui réservent.

Il a été diminué ; il ne nous livrerait que la pellicule ou la surface des corps, non leur fond ni leur envers ni même ses propres constituants. De ce fait, dans la vie courante, il pourra nous mystifier et nous abuser : nous jugeons sur les « apparences » ; le vendeur se souciera du « styling » de ce qu'il commercialise : la carrosserie, l'habillage, le maquillage ; serait camouflé l'essentiel, puisque nous ne nous guidons que sur le dehors ou le contenant enjolivé.

L'art contemporain – nous le soulignons à nouveau – bien qu'il ne travaille que sur et avec les données sensorielles, parvient à les déborder, à les ouvrir et à nous livrer ce qui nous échappait (la « totalité »). Ainsi l'école cubiste n'a pas manqué de nous offrir, outre le devant de l'objet, - qu'il s'agisse d'un instrument de musique, ou d'un visage ou d'un Arlequin – simultanément, son arrière, ainsi que le « vu d'en haut » et le « vu d'en bas », les profils divers, tous les côtés. Il s'agit d'additionner et même de superposer toutes les perspectives désormais inséparables. Pourquoi nommer « cubiste » un tel résultat ? Ce terme a été inventé par Matisse en 1908, en dérision, d'ailleurs, alors qu'il venait de découvrir un tableau qui représentait des maisons ; l'espèce de fouillis le frappa « Tiens, des petits cubes ! » se serait-il exclamé. Ce qui était proposé relevait bien d'un amas de figures géométriques simples, – notamment des cubes – qui entendent conférer à l'ensemble la troisième dimension (en plus de la largeur et de la hauteur, la profondeur, puisque désormais a été représenté « l'envers »). Nous n'insisterons jamais assez sur le fait que l'artiste vient de quitter le réel stricto sensu, ce qui correspond au perçu, au bénéfice du multi-angulaire ; aussitôt nous entrons dans un monde inhabituel, sur-réel ; hier l'emportait le restreint (l'avant seul) : nous étions borné par le figuratif alors que désormais nous accédons à un figuratif-non-figuratif, ou une saisie métaphysique de la substance. Apollinaire, analyste des peintres cubistes, nous en convainc : « Les jeunes peintres s'éloignent de plus en plus de l'ancien art des illusions d'optique et des proportions locales, pour exprimer la grandeur des formes métaphysiques. C'est pourquoi l'art actuel, s'il n'est pas l'émanation directe des croyances religieuses déterminées, présente cependant plusieurs caractères du grand art, c'est-à-dire de l'Art religieux »[1].

Apollinaire devait d'ailleurs distinguer quatre orientations possibles pour cette école : le cubisme dit scientifique qui emprunte, pour rendre le réel, sans les restrictions traditionnelles, des éléments-unités qu'il tire de la connaissance (et non pas de ce que nous pourrions voir). Le cubisme dit physique excipe de la perception ce qui entrera dans la construction. Enfin, comptons le cubisme orphique et le cubisme instinctuel que nous rapprochons : ceux-ci usent de moyens que l'artiste a créés ou que son intuition lui suggère.

Il est clair que nous retenons surtout l'existence du cubisme physique (le second courant), celui qui ajoute à la minutie énumérative des perspectives le principe de leur tressage ou de leur emboîtement ; il lie

1. G. Apollinaire, *Les peintres cubistes*, Coll. Savoir, 1980, p. 63.

le scrupuleux et le profond, ou encore les éléments avec leur croisement. Nous nous avouons plus réticent devant les deux dernières possibilités reconstructives (l'orphique et l'instinctuel) parce qu'avec elles on retourne aux fantasmes du seul imaginaire ; on renonce au travail de réappropriation d'un réel que la perception limitative a cassé. Il convient donc que, sans quitter notre monde, l'artiste parvienne à l'embrasser dans toutes ses dimensions. Cette plastique moderne ne cherche plus à émouvoir ni à plaire – les vieux idéaux de l'esthétique romantique – mais à renouveler notre vision du monde et surtout à le délivrer des limites qui l'appauvrissent.

Une des preuves qu'a visée cette reconstitution complète (la totalité perceptive) nous est apportée par les Picasso, Braque et Marcel Duchamp : en effet, allant encore plus loin dans la direction que nous savons, ils devaient confier à leur art le soin d'inscrire en lui la quatrième dimension. Ne fallait-il pas en arriver là, pour fuir une vision assez plate et donc monotone ? Mais comment entrer dans l'inaccessible et ne retombons-nous pas dans la pure fiction ?

Selon Marcel Duchamp, nous pouvons y réussir puisque nous parvenons déjà à représenter la troisième dimension avec ou sur une toile qui n'en comporte que deux ; nous créons des effets tri-dimensionnels à l'aide de moyens bi-dimensionnels ; pourquoi ne pas recommencer cette sorte de projection à un degré supérieur ? Pourquoi ne pas utiliser la troisième dimension pour suggérer la quatrième et comme si le microcosme pouvait dire le macrocosme ? « Je considérais que la quatrième dimension pouvait projeter un objet à trois dimensions, autrement dit que tout objet à trois dimensions que nous voyons froidement est une projection d'une chose à quatre dimensions que nous ne connaissons pas ». Duchamp reconnaît sa dette envers Pawlowski, l'auteur d'un roman, *Voyage au pays de la quatrième dimension*.

Marcel Duchamp allait aussi se livrer à d'étranges montages optiques et recourir au verre (*Le grand verre*), incrusté de fragments de plomb, afin de réussir son exploit : le verre lui permet, à la différence de la toile, de recueillir ce qui se réfléchit en lui ; puis, usant d'un appareil (quasi-photographique) qui l'autorise à la fois à varier l'angle de projection et en même temps à conserver l'image, par là, il entrevoit un tri-dimensionnel qui contient son dépassement spatio-volumique.

Mais lorsque le peintre – autre stratégie – rend le mouvement, tel le *Nu descendant un escalier*, n'ajoute-t-il pas encore une sorte d'élargissement à la scène ? N'est-ce pas une autre façon de surdimensionner et d'infinitiser le tableau ou le rendu ? Partout est recherché et appliqué ce qui nous aide pour aller au-delà du perceptif (sans le perdre) et accéder à la complétude.

Il n'y a pas que l'École cubiste qui se soit vouée à étendre le domaine du perceptible, jusqu'à comprendre en lui ce qui en paraît exclu (les flancs, le verso, tout le reste) : dans ce cas, la superficialité accueille la profondeur. Mais comment parvenir à l'addition de l'endroit et de l'envers ?

L'opposant à cette recherche ne verra, dans cette difficulté, qu'une question ordinaire qui, de plus, ne tardera pas à réduire l'art à des tours de passe-passe, à de vains amusements. Mais, lutter contre des siècles d'ascétisme qui ont flagellé et écarté la sensorialité, mieux encore découvrir le monde, jusque dans ses recoins, sortir de l'ombre ce qui y séjourne ne nous semble pas une tâche secondaire ou insignifiante. Et qu'on le veuille ou non, l'esthétique est la discipline de la sensation, l'étymologie du mot l'exige.

Nous enrôlons Arman pour notre espèce de croisade métaphysique ; nous aurions pu nous tourner vers d'autres plasticiens, puisque, selon nous, tous vont dans cette même direction, mais Arman devait particulièrement illustrer la tendance. Cet artiste s'est si ouvertement attaché aux objets qu'il a publié un écrit où il s'emploie à les hiérarchiser, à les classer comme à justifier leur importance. « Les objets, selon lui, sont des extensions de membres utilitaires, car ils furent créés par nous et pour nous, à nos dimensions, pour nos mains, nos corps, nos projets. Ils sont humains par leur origine et leur destination ». (*Compléments d'objets*).

Nous sommes frappé (et particulièrement satisfait) par le fait que, dans sa large classification-nomenclature, Arman ait privilégié les contenants : il distingue, en effet, (une des catégories sur un total de 7) les récipients où il inclut les bouteilles, les flacons, les pichets, les brocs, les théières, les cafetières ; il affectionne tout particulièrement ces dernières avec leurs becs en forme de trompe d'éléphant. Puis, il construit un autre groupe, celui des meubles dits contenants : coffres, commodes, berceuses, etc. Il y ajoute même le cercueil. Enfin, autre classe, celle des vêtements, avec de larges considérations sur les gants et les couvre-chef.

Mais, comme on sait, une partie de l'œuvre d'Arman a consisté, non pas à répartir mais à rassembler les objets, de là, les si célèbres accumulations (une marée de réveille-matin, de rouages divers, de boutons, de clous, etc.), moyen par lequel l'artiste entend les glorifier. Le nombre leur enlève aussitôt leur côté utilitaire qui les dévore ou semble les absorber, les enfermant alors dans le seul usage. Il s'agit ici d'encourager l'entrée dans la reconnaissance ou du moins l'observation de leur sobre architecture, comme de leur riche diversité. L'entassement ou même le regroupement suggèrent autre chose qu'un seul exemplaire : plusieurs fois un objet ne se compare pas à un objet plusieurs fois, pour rappeler l'une des formules du programme armanien ; la répétition révèle le dessein compositionnel, l'armature de ce qui aura été massivement collecté.

Mais une seconde manipulation vient bientôt enrichir la précédente : au lieu d'une stratégie quantitative, Arman en arrive à une destructrice, la combustion qu'on suspend avant la fin, ou encore le découpage à la scie. Contrairement à l'avis de certains commentateurs, il ne s'agit nullement d'une démolition aveugle, mais d'une scrupuleuse décomposition chargée de nous instruire des constituants de l'engin ou de l'instrument (les engrenages, les raccords, les possibles moyens de transmission, les attaches, etc.) L'artiste autopsie soigneusement le modèle – outil, objet, appareil, au besoin le plus élémentaire –, afin de mieux étaler les principes de sa fabrication et de nous informer de son fonctionnement.

Nous nous souvenons d'un texte de Baudelaire, relatif au jouet de l'enfant ; celui-ci, au lieu de le respecter et de l'immobiliser (il ne faut pas y toucher), s'employait à l'ouvrir et à aller le plus vite possible en son centre, pour s'emparer de « son âme ». « La plupart des marmots, écrit Baudelaire, veulent voir l'âme, les uns au bout de quelque temps d'exercice, les autres tout de suite. C'est la plus ou moins rapide invasion de ce désir qui fait la plus ou moins grande longévité du joujou. Je ne me sens pas le courage de blâmer cette manie enfantine : c'est une première tendance métaphysique ... L'enfant, comme le peuple qui assiège les Tuileries, fait un suprême effort, enfin il l'entrouvre, il est le plus fort. Mais où est l'âme ? C'est ici que commencent l'hébétement et la tristesse »[1].

Précisément, il n'y a pas d'âme : l'intérieur, après démontage, s'étale devant nous comme un extérieur ; celui-ci nous expose dans le détail celui-là. Arman démystifie et peut nous assurer ce que nous jugeons décisif, à savoir la fin d'un fantasme qui nous conduisait vers un au-delà mystérieux ou du moins énigmatique, en tout cas inaccessible. Il s'agit donc, bien que la manipulation tienne de la violence – la colère, le feu, la séparation – de s'emporter contre le rideau qui nous cache le fond substantiel. Mettons vite un terme à la cassure qui, partout, éloigne l'un de l'autre le visible et le prétendu (provisoire) invisible.

Nous n'accompagnerons pas certains interprètes qui ont vu dans cet acharnement à calciner le violon, à briser le piano ou les contrebasses ou encore d'autres instruments de musique, une opposition – symbolique et imaginaire – à l'encontre de sa femme, réputée comme musicienne. Par là, on donne dans une hypothèse appauvrissante, et surtout insoutenable : en effet, Arman s'est aussi attaché à préserver les instruments de musique qu'il se contente d'accoler – l'accumulation minimalisée, ainsi *To Benny Goodman : clarinettes soudées*, 1976 ou *A ma jolie. Hommage à Picasso : accumulation de guitares*, 1982. Arman s'est d'autant moins emporté contre les violons et les trombones qu'il les a le plus souvent « figés », en les incluant dans un bain de polyester ; de cette manière, il les conservait. Et nous nous étonnons peu de cet exploit car il se voulait lui-même « peintre-sculpteur » ; en outre, dans cette opération, Arman n'a pas manqué d'user d'un enduit particulièrement transparent.

1. Charles Baudelaire, O.C., éd. N.R.F., 1923, t. IV, L'Art romantique, – « Morale du joujou », pp. 343-4.

Nous l'annexons parce qu'il a surtout déclaré la guerre à ce que nous voyons. Il nous déroute d'abord par ces « accumulations » pourtant révélatrices de l'objet, puis par l'ouverture des corps, ce qui doit nous livrer leur cohérence interne. Le dedans a été extériorisé : avec Arman, nous dépassons « le vu » sans l'abandonner, ainsi que l'usage qui nous en impose trop. Arman, mieux qu'un autre, a participé à la glorification de l'objet (c'est un objecteur) assurant sa véritable apparence ainsi que son intérieur qu'il devait extérioriser comme nul autre.

Toujours nous nous heurterons à la même remarque : nous viendrions d'abaisser le travail de l'artiste, que nous assimilons à un manipulateur, muni d'ailleurs d'une scie et d'un marteau (sans doute, pour casser, mais déjà Arman ne casse pas, il démonte et même démontre), à un allumeur de feu.

Pourquoi s'appesantir sur les moyens, alors que ceux-ci servent une fin métaphysique : dépasser la phénoménalité, ainsi que nos habitudes, sans pour autant tomber dans un imaginaire indéterminé, et nous dévoiler la richesse d'un monde illimité que déjà nous ne parviendrons jamais à épuiser ?

Nous ne pouvons pas passer en revue tous les contemporains, afin de soutenir, grâce à leur création, le point de vue selon lequel l'art de la plasticité actuelle tend à nous livrer – entre autres prouesses méta-sensorielles – le dehors et le dedans, un dedans que nous assimilons d'ailleurs à un dehors provisoirement empêché. Nous reconnaissons d'ailleurs que cette interprétation ne convient ni à tous les arts ni à tous les artistes. Nous en connaissons les limites ; nous ne nous attachons donc qu'à une seule orientation.

Il s'ensuit plusieurs conséquences : d'abord, du fait de cette néo-densification, l'objet (ou son équivalent, qui a été retenu) se pluralise et par là même renonce à la représentation habituelle : en effet, l'artiste n'hésite pas çà et là à superposer les registres. Mais, à travers cette complexité, nous devenons sensible à l'architecture de ce mixte, éventuellement désorienté, sans oublier le fait que le devant et l'arrière, désormais reliés, peuvent se joindre ou s'accoler entre eux de plusieurs manières. Nous échappons à la tyrannie de l'écran monolithique, enfermé dans la bidimensionalité. Combien il est ou va être ardu d'insérer dans la planéité les ébauches d'un arrière-fond ou encore de croiser le recto et le verso (le vu et le non-vu) !

Hantaï recourt au pliage : la toile qui s'auto-recouvre elle-même en certains foyers, comme si une vague déferlait sur elle et l'obligeait ainsi à se superposer à elle-même, nous livre à la fois sa propre surface mais aussi ses prédispositions au volumique ; les anfractuosités, les légères dénivellations mais aussi les surélévations consécutives manifestent et concrétisent l'activation surfaciale qui, de ce fait, connaît des quasi-bourgeonnements et de l'efflorescence.

Nous pourrions aussi évoquer les réalisations de Lucio Fontana qui s'est évertué à rendre visible l'invisible et à ne plus séparer la façade de ce qu'elle cache, grâce aux fentes, entailles, incisions qu'il inflige à son support (généralement une toile tendue). Il s'agit donc bien d'ajouter à la paroi ce qu'elle abritait (l'envers d'elle-même). La fissure nous permet d'entrevoir, au-delà de la mince superficie, le fond ou du moins les bords internes de la blessure infligée à un substrat désormais ouvert ; comment ne pas être saisi par un « trou » qui nous donne accès à un autre monde ?

Il ne s'agit pas de concevoir un tel processus comme un signe de violence ou de destruction, du fait même de la fissure, mais comme le moyen d'extérioriser ce qui nous était refusé ; nous dépassons les données premières, échappant à l'emprisonnement. Nous sommes attachés à l'enveloppe mais, en la circonstance, nous lui ajoutons ce qui se situait à l'opposé d'elle, d'où le renversement, l'ouverture, à tel point que ce que je vois désormais se ligue avec ce qui est dissimulé.

Nous nous heurtons cependant à une objection de poids : puisque l'artiste perfore la toile, n'est-ce pas la preuve qu'il la tient pour un obstacle à la révélation (de l'en-dessous) ? Ne prononce-t-il pas une évaluation négative de l'enveloppe recouvrante ? Il va jusqu'à contester, virtuellement, notre philosophie favorable au retour à l'hyper-extériorité, celle qui refuse les « arrière-mondes » pour l'accès desquels il faudrait briser justement l'écran ou le devant ?

Nous jugeons autrement : d'une part, la « face » (le frontal même) ne disparaît pas mais glisse en quelque sorte dans la coulisse pour entrer dans un jeu qui l'avantage, jeu par lequel elle s'associe à son envers, lui-même désormais mis en avant. Nous croyons voir ici une généralisation, l'extension des bienfaits et capacités de l'extériorité ; celle-ci ajoute à elle-même ce qu'elle semblait avoir exclu. Nous vivons une sorte d'échange heureux, le dehors et le dedans qui, enfin, se liguent. L'extérieur passe au dos mais l'intérieur de la toile (ses fils, son tressage, quelques nodosités) vient en avant. La béance n'engendre pas l'angoisse, du fait de la déchirure ou de la perte, elle n'induit pas une théorie de la porosité, de la fuite ou de l'interruption, mais la surface enrichie enrôle ce qu'elle entravait. En somme, elle devient « permissive ».

De cette épreuve – une expérience à la fois physique et métaphysique – nous tirons une leçon philosophique : c'est qu'il n'est rien de définitivement clos ou caché (l'*absconditus*). L'être se définit toujours à travers ses manifestations ; il ne se met pas en retrait, enfoui même sous une sorte de couvercle qui l'occulterait. Il gagne trop au contraire : à s'exposer, l'être s'affirme davantage, comme il se doit ; il se refuse au recouvrement. Pourquoi faudrait-il qu'il se dérobe ?

Une objection tout à fait mineure, pour ne pas dire sans objet, soutiendrait que la toile (le subjectile) n'équivaut pas à l'enveloppe, si elle-même porte la peinture ou le dessin ; c'est alors celui-ci qui tient le rôle de la surface ou de la vraie « périphérie ». Mais c'est oublier que Fontana se borne à exposer une toile nue et lisse, seulement blessée par la lame du rasoir (sans aucune pulsion iconoclaste, comme nous l'avons développé). En conséquence, il ne s'agit donc que de donner à voir, dans le visible, son sous-jacent : le premier a enfin cessé d'exclure l'autre, aussi parviennent-ils à s'inclure l'un dans l'autre.

☆

Bien que nous limitions nos références, nous ne saurions nous dispenser d'enrôler, pour finir, l'École dite « Supports-Surfaces », d'autant plus que, dans sa dénomination, elle a introduit le mot que nous tenons à fêter (la surface même).

D'autres raisons nous poussent à ce bref examen : d'abord les Viallat, Saytour, Dezeuze ont rompu avec le tableau traditionnel, qui consistait à inscrire une scène, un motif, voire un éblouissement sur un matériau solide, particulièrement mince et de dimension limitée (un panneau de bois, éventuellement, rectangulaire le plus souvent, afin de bien encadrer, l'ovale ayant été retenu pour les seuls portraits, ce qui accentue les traits du visage, du fait de la similitude entre celui-ci et ce qui l'entoure). Ce substrat ligneux aura été recouvert de telle manière que cet enduit efface les moindres grains ou les fibres du bois ; lorsqu'on recourt au papier, il aura été également lissé le plus possible. Mais les artistes s'évadent de la tradition : Viallat déjà ne se propose sans doute que de valoriser le support matériel, puisqu'il se contentera de n'imposer sur lui qu'une figure indéterminée (ni géométrique, ni figurative, ni symbolique, ni vraiment abstraite) – une sorte de quadrilatère, un quadrilobe qui, à la limite, évoque l'éponge ou une fève. Il l'applique plusieurs fois et provoque ainsi un semis. Tout est donc réuni pour affaiblir ou supprimer le thème – l'indifférenciation ainsi que la répétition.

Mais nous retenons surtout, en plus de ce profond changement, une double innovation : non seulement Viallat a renoncé à la surface habituelle et à son cadrage, mais il lui préfère un étrange substrat : un assemblage de vieux draps, de chemises usées, une toile vieillie, des sacs de jute, bref, ce qui relève de la friperie. Pourquoi ? C'est qu'il importe que la couleur qui sera déversée sur cette trame assez épaisse puisse la traverser et imprégner, par diffusion, l'envers ; par tous les moyens, l'artiste compte sur la perméabilité qui permettra donc au devant de rejoindre son arrière. Comme le dit Viallat lui-même, il s'agit moins de peindre que de teindre. Cet ensemble tissulaire, une fois recouvert et après séchage, pourra être enroulé, plissé, puis éventuellement, selon la demande, déplié. Plus que jamais nous échappons au fixisme qui a paralysé l'art classique (le châssis, le cadre, la tension de la toile, l'enfermement, le clouage). D'ailleurs, les artistes de nos jours, en règle générale, préfèrent les tissus délavés parce qu'avec eux nous pouvons éviter « l'avant d'eux-mêmes » : des apprêts – un recouvrement glacé et immobilisant – les ont comme pétrifiés. En outre, le vêtement délabré porte en lui les restes d'une histoire, parfois des souffrances ; de toute façon, il commence à exister pour lui-même, perdant son inertie alors qu'il avait été transformé en simple moyen, ne pouvant qu'être endossé ou recevoir. Nous retenons surtout que le défraîchi ou le démoli peut accueillir les flots de couleur qu'il boit et que, par une capillarité accrue (du fait de la dislocation interne) il permet la circulation, de telle façon que s'annule la dualité entre le devant (magnifié) et l'envers (délaissé, ignoré même).

Mais Viallat ne s'arrêtera pas en si bon chemin : second bouleversement, il se met à préférer à sa toile imprégnée les filets, les cordes et les lanières (éventuellement peintes) parce que, grâce à eux, le réel en quelque sorte entre à l'intérieur de la surface (tellement ajourée) ; d'autre part, l'artiste achève par là de supprimer la double face (le recto et le verso séparés) ou les restes décourageants de la dualité. Dezeuze, quant à lui, privilégie les échelles de bois (peintes), elles aussi susceptibles d'être enroulées et déroulées (le substrat, plus que jamais, se libère de son statisme comme de ses fonctions d'asservissement). Nous reprenons la formule de Viallat : « Dezeuze peint des châssis sans toile, moi, je peins des toiles sans châssis, Saytour des châssis sur la toile. Dans les trois cas, selon nous, on parvient à dissocier ce qui a toujours été tenu pour inséparable ».

Le tableau traditionnel nous semble désormais mensonger : il renvoie à une scène ou un thème (ils ont été choisis, l'artiste tente de nous les offrir ou de nous les imposer, il les rapproche en quelque sorte de nous). Nous savons assez que le support, seul effectif et présent (la matérialité même) ne compte pas. L'artiste de l'École « Supports-Surfaces » se refuse à une telle opération, et d'autant plus qu'il se veut « matérialiste » : il se voue donc à l'assomption de ce qui l'entoure, évitant surtout ce qui le fractionne ou le limite ; par là, nous observons la solidarité de l'avant et de son envers, de l'alvéolaire et du solide, de l'aérien et du terrestre. Ajoutons encore que Viallat attachera ses filets en pleine nature, entre deux arbres, autre façon de s'évader de la prison muséale et de sa fossilisation.

Surtout nous sommes sensibles au *Rideau jaune, Hommage à Matisse* (1992) parce que les deux procédures créatrices ont été fondues : d'une part, le rideau diversement coloré, d'autre part, en avant de lui, le filet – lui aussi coloré – qui l'entoure (mais sans l'emprisonner). La nouveauté s'est en quelque sorte coefficientée.

Finalement, avec Viallat et son École nous sont proposés des anti-tableaux mais qui sont aussi des méta-tableaux, des tableaux qui ont réussi à se délivrer de ce qui immobilisait ou fixait (pour aboutir au clouage au mur). Désormais, on peint, en quelque sorte, de façon vide, le rien mais afin que le substrat soit rendu à lui-même, brise sa servitude et puisse révéler ses potentialités : il est troué, au nom de quoi il est ouvert et il peut désormais jouer de ses deux côtés ; l'antérieur se contente d'accepter « un même » élémentaire et tellement libéré qu'il essaime et occupe toute la toile.

Au-delà de l'École « Supports-Surfaces » que nous venons de prendre en compte, nous croyons discerner un horizon commun avec les quelques plasticiens que nous avons examinés, en dépit de leurs projets différents (le mouvement cubiste, le land art de Christo, les accumulations et combustions d'Arman). Il s'agirait, avec eux, d'entrer dans un autre monde, lavé surtout de ses fractures, de ses conflits comme de ses propres limites ; ils iraient jusqu'à inclure l'autre dans le même, afin de pouvoir accéder, mais à l'intérieur du sensible, à la complétude.

Nous avons été retenu par le fait que quelques Classiques avaient anticipé cette stratégie : songeons au peintre en train de se peindre – de là, un tableau dans le tableau – un peintre que nous voyons de face (dans l'image, son portrait) mais aussi de dos. Cette simultanéité, cette double vue ou double perspective nous vaut un concentré de réel, une victoire contre lui. Ce n'est pas la seule possibilité, mais ici l'art viserait la réunion, le rassemblement énergétique, « l'anti-entropie » (contre la perte). Dans la période la plus faste de son histoire, l'artiste luttait déjà contre la mort : par le portrait, il fêtait la puissance. Il rappelait aussi les événements les plus notoires et empêchait l'oubli. Le moderne poursuit le même but mais à un échelon basique, comme si la science lui avait appris que le réel ne réside pas dans le macroscopique mais à un niveau plus bas et plus fin, le moléculaire. C'est là qu'il faut se situer : rassembler les menus morceaux, réassocier et s'opposer à ce qui se délie dans la successivité ou une sorte d'écoulement qui emporte tout.

Si une telle recherche ne traduit pas, par elle seule, le dessein de l'art, puisque d'autres démarches et d'autres procédures seront mises en œuvre, elle n'en appartient pas moins à son foyer.

Conclusion

Dans ce qui précède, nous n'avons pas vraiment lutté contre l'intériorité – loin de là – mais seulement contre celle qui s'absolutise ; et nous n'avons pas cessé de montrer comment l'intériorité consistait, par essence, à se traduire et à s'exposer. En revanche, tout ce qui se retranche et se ferme sur soi-même se perd. Il est cependant possible que le philosophe ne partage pas cette manière de voir, tant il s'identifie à celui qui fuit le monde, ne se fiant qu'à ses seules pensées délivrées alors de ce qui les gâtait.

Mais la discipline la plus réticente à l'égard de ce principe définitionnel se nomme la psychologie : certains s'imaginent, en effet, que tout se déroule dans l'intimité de la conscience, là où nous dissimulons nos sentiments comme le plus personnel. Assurément les fantasmes ne manquent pas de se repérer à travers des mouvements éventuellement symboliques et irrépressibles ; par exemple, avec une baguette improvisée, je brise la tête de fleurs que je décapite. Chacun verra, dans cette violence sans raison, l'effet d'un désir apparemment caché et même honteux, une sorte de jalousie qui aimerait supprimer celui qui est censé nous concurrencer. Nous avons d'ailleurs consacré un chapitre à fournir les moyens qui permettent de saisir ce qu'on croit logé au plus profond de nous-mêmes, alors que cela se voit directement.

Toutefois, ne devons-nous pas reconnaître l'existence en nous d'états teintés d'affectivité et que nous parvenons à ne pas exposer ? N'y a-t-il pas l'obligation de ne pas avouer nos appréciations ? N'apprenons-nous pas la réserve, dérobant tout un monde qui échappe à ceux qui nous entourent ?

Nous lisons toutefois, sur ce thème, dans l'œuvre de Pierre Janet, une conception qui nous comble : il voit seulement en ces sentiments des moyens efficaces de « réguler » l'action à laquelle ils participent. Par exemple, un événement nous rend particulièrement et secrètement joyeux ; nous n'empêcherons d'ailleurs pas quelques signes qui le manifesteront au-dehors mais cette fine allégresse cachée est surtout destinée à nous convaincre de poursuivre dans cette direction, là où nous glanons du succès ; de même, la tristesse nous engage à l'arrêt, au recul. Un moteur ne fonctionne pas sans un accélérateur et surtout des freins. Les sentiments se confondent avec ceux-ci. Ils n'appartiennent donc pas entièrement à l'intrapsychique. Nommons-les des « actions secondaires » greffées sur les primaires : ils enrichissent la conduite et aident à la prolonger ou à la suspendre. Ils pèsent donc sur le dehors de l'action.

Le système cartésien – au demeurant mal compris – continue à soutenir et à fortifier le point de vue que nous venons de contester : le philosophe, en effet, commence par anéantir méthodiquement tout ce qui l'environne (le fameux doute). Rien ne subsiste alors que la seule pensée. Mais n'oublions pas qu'il s'agit là d'un stratagème ou d'une fiction métaphysique pour aboutir plus sûrement au vrai et même à un indubitable réel.

Mais il est au moins une Institution qui a privilégié, comme nulle autre, la retraite, le retour sur soi, l'examen de conscience et surtout la prière (le seul à seul). Nous avons déjà, dans un livre précédent, envisagé le problème de la religion. Nous y revenons dans la mesure où elle paraît cautionner la thèse générale que nous combattons, à moins qu'il ne s'agisse, comme nous le croyons, d'une interprétation théologique et pastorale erronée qui lui est communément prêtée.

L'homme religieux, selon nous, évolue dans une extériorité à la fois réelle et symbolique. Rappelons d'abord l'essentiel, à savoir que Dieu lui-même ne s'est pas complu dans l'absoluité mais qu'il s'est incarné à travers son Fils. La révélation l'emporte sur tout le reste et le conditionne. A son tour, le Christ s'est lui-même identifié à son Église qui le représente moins qu'elle ne le présentifie. Nous nous en tenons ici à la seule religion chrétienne remarquant en elle une puissante volonté de se rendre en quelque sorte sensible, et même visible. La communauté ne se borne pas à exister, avec son statut de surnaturalité, elle commande à des cérémonies à travers lesquelles elle réalise sa mission et reproduit l'acte qui l'a instituée.

Il est vrai qu'aussitôt se dresse une difficulté : s'il en est ainsi, la croyance relève de l'inévitable. Nul ne peut échapper à son évidence ; nous y sommes, volens nolens, soumis.

Pascal a bien saisi cette situation quasiment contradictoire, voire intolérable. « Si Dieu se découvrait continuellement aux hommes, il n'y aurait point de mérite à le croire, et s'il ne se découvrait jamais, il y aurait peu de foi. Mais il se cache ordinairement et se découvre rarement à ceux qu'il veut engager dans son service »[1]. Et Pascal conclut cette Lettre : « Rendons à Dieu des grâces infinies de ce que, s'étant caché en toutes choses pour les autres, il s'est découvert en toutes choses et en tant de manières pour nous »[2]. Pascal balance, mais le texte qui suit parvient à le tirer d'embarras, puisqu'il mêle l'eau et le feu. « Il est vrai tout ensemble qu'il [Dieu] se cache à ceux qui le tentent et qu'il se découvre à ceux qui le cherchent, parce que les hommes sont tout ensemble indignes de Dieu et capables de Dieu – indignes par leur corruption, capables par leur première nature »[3].

La solution pascalienne n'en souffre pas moins d'une certaine laxité : Dieu à la fois se cache (le *Deus absconditus*) et se manifeste ; mais pouvait-il en être autrement ? Ne convient-il pas de tenir les deux bouts de la chaîne ?

1. Pascal, *Pensées et Opuscules,* Publiés avec les notes de Léon Brunschvicg, Librairie Hachette, 1922, p. 214.
2. Id., p. 215.
3. Id., p. 582.

☆

Afin de consolider notre thèse, entrons plus avant dans une réflexion sur un sacrement, le plus étrange d'ailleurs : le repas eucharistique, la communion ou le recours aux espèces du pain et du vin, ou même l'invisible dans le visible. Une telle cérémonie paraît relever d'un grossier réalisme et impliquer un quasi-sacrilège. Saint-Thomas devait d'ailleurs condamner cette pratique manducatoire, le Christ ne pouvant pas plus être enfermé dans le tabernacle que dans l'hostie. Il ne peut s'y trouver que de « façon seulement spirituelle », d'où l'opposition à la thèse de la présence réelle.

Mais le concile de Trente, en 1547, renversa entièrement cette position. L'accord se fit sur cette proclamation : « Quiconque nie que le très saint sacrement de l'eucharistie contient vraiment, réellement et substantiellement le corps et le sang, en même temps que l'âme et la divinité de Notre Seigneur Jésus-Christ et par conséquent le Christ total et affirme qu'ils (le corps, le sang, etc.) sont dans ce sacrement seulement présents comme dans un signe ou en figure ou seulement quant à leur efficacité, qu'il soit anathème ».

Nous en tirons une triple conclusion : a) Selon la première, la religion vient de prendre ses distances par rapport à un aristotélisme toujours prégnant et que la scolastique n'a que trop prolongé. En effet, la transsubstantiation proclamée – le pain changé en divinité – le prouve. Par définition, une substance se caractérise comme ce qui demeure ; seuls les prédicats et plus encore les accidents peuvent varier. Le fait que le pain puisse incorporer en lui le Dieu de la nouvelle alliance va directement à l'encontre de cette philosophie. D'ailleurs les tenants de l'aristotélisme et de ses suites condamneront la transsubstantiation elle-même et, avec elle, la théorie de la présence réelle, qui ne sera alors comprise que de manière seulement symbolique. Désormais, le pain et le vin sont débarrassés de ce qui les immobilisait, contrariant leur devenir (sacralisé). D'ailleurs, le Christ n'a pas dit « Ceci est un symbole, mais ceci est mon corps, ceci est mon sang ».

Sans doute hérétique, nous croyons toutefois comprendre ce qui a poussé les participants au Concile à la défense de la thèse hyperréaliste, au demeurant la plus capiteuse : les affirmations seulement interprétatives ou même imaginaires (le simple souvenir, l'évocation) ne suffisaient pas à enraciner la pratique religieuse ni à la dramatiser jusqu'à l'extrême. Le Christ seulement « impané » – le point de vue de la Réformation – c'est-à-dire uni à la substance du pain qui demeure, n'entraîne pas autant la dévotion et sa fièvre. Nous sommes moins frappés par ce qui est seulement ajouté que par ce qui a entièrement pris possession des « espèces ».

Nous croyons bénéficier, bien que très indirectement, de cette révolution, dans la mesure où celle-ci déclasse la substance et où la liturgie touche la corporéité, s'accomplit résolument dans le monde du phénoménal et surtout nous familiarise avec un Dieu qui a quitté la transcendance pour descendre dans le sensible.

Aussitôt, le Christ, fils de Dieu (le Dieu en trois personnes, le dogme de La Trinité) a été regardé comme celui qui introduit la profanation : il entraîne à des pratiques magico-païennes. Il dégrade. Mais, en cette interprétation, nous croyons reconnaître ce qui s'oppose, dans tous les domaines, à la réalisation et corrélativement à tout ce qui touche à la visibilité (l'iconoclasie empêchera bientôt l'image, de même qu'a été entravée antérieurement cette religion de la « présence réelle »).

Seconde conclusion : le pain et le vin n'appartiennent pas uniquement aux principes de la nature, ce qui laisse entrevoir déjà leur possible transformation-élévation (ce n'est pas seulement un aliment ou une boisson que l'on ingère) ; ils signifient davantage la réunion communautaire ; ils sont préférentiellement consommés en groupe, dans la fête d'une rencontre (le repas, la Cène). Or, justement, le Christianisme entend fonder la fraternité et substituer à une société de violence, de domination et d'exclusion le partage et la communion : les hommes sont tous fils de Dieu et donc frères ; tous ont droit à ce qui les unit.

Hier ont compté le pain et le vin, qui favorisaient la santé et nous guérissaient de la privation ; le rôle social commençait déjà à déplacer la nature de ces biens.

Désormais, ils autorisent un dépassement fondamental, sans égal, l'entrée grâce à eux dans une Église : ils y perdent leur aspect profane. Le pain a été consacré : il est devenu le dieu que nous allons incorporer, afin de nous fondre en lui. Nous y insistons, les « espèces » se prêtaient, du fait de l'effacement en elles de l'alimentaire, à cette métamorphose.

Troisième remarque qui recoupe les précédentes, il est clair que, si la religion voyait dans ce sacrement un rappel ou une allégorie, elle y perdait ses racines. Elle se propose davantage de fortifier les liens entre les fidèles et d'eux-mêmes à Dieu. La communion nous apprend aussi que Dieu s'offre à nous : il n'est donc pas replié sur lui ; il recommence même, à sa manière, sa mort et sa résurrection. Le pain et le vin sont absorbés, ils disparaissent mais en sort intensifiée, revivifiée l'union avec le divin.

Et nous en concluons qu'un tel sacrement n'appartient pas à la sphère de l'idéel, mais à celle de l'effectivité (le boire et le manger indispensables). Il nous délivre aussi d'un substantialisme immobilisant, incapable de s'ouvrir au changement (le pain demeure le pain) ; enfin il fonde une opération surnaturalisante, à travers laquelle les croyants se régénèrent.

Le « prier » en soi n'existe pas ; il exprime seulement l'idée selon laquelle le croyant rejoint en pensée son Église et ne songe qu'à suivre ses recommandations (notamment la fraternité). Il est possible que nous nous interrogions sur le respect des devoirs qui nous incombent. S'agit-il alors d'un examen de conscience ou d'une sorte de bilan intérieur ? Mais nous savons que le fidèle, par exemple, doit quitter immédiatement le temple, renonçant à la cérémonie et rejoindre celui qu'il a offensé pour lui demander le pardon de sa faute. Il doit d'abord réparer, preuve, selon nous, que la vraie religion relève bien de l'effectivité et de l'externalité. Il est possible qu'un travail intérieur ait précédé, mais il n'en reste pas moins vrai qu'il est orienté vers l'entraide, qu'il exige la fin des dispositions habituelles, la charité même (les plus démunis et les plus éloignés méritent reconnaissance et affection, à l'exemple du bon Samaritain qui n'imite ni le prêtre ni le lévite qui passaient sur le chemin où agonisait un malheureux, mais ne lui prêtèrent pas assistance).

C'est bien pourquoi nous nous réjouissons de ce que des disciplines au départ les moins tournées vers le dehors et l'action – telles que la psychologie et la théologie – y rentrent pleinement et illustrent même ce vaste ensemble.

☆

D'un bout à l'autre de notre texte, en faveur de l'exologie, nous avons pris en compte l'extériorité ou plutôt l'extériorisation qui nous évite l'auto-enfermement. Il est difficile d'en convaincre tant le mot (l'extérieur) va de pair avec la superficialité ; ce qui est n'est pas lié au dedans et ne concerne tout au plus que l'enveloppe.

Pour nous, cette distinction ne tient pas, tant les deux extrêmes (la forme et le fond) se confondent ou du moins se lient, l'un n'existant pas sans l'autre. Toujours l'intérieur tend à se perpétuer, à rayonner, donc à se manifester.

Mais celui qui est réticent à notre thèse soutiendra que l'esprit seul nous pourvoit de catégories qui nous permettent d'organiser le donné : elles sortent tout armées – telle la Minerve de la mythologie – de notre entendement constructeur ; elles ne pourraient, en effet, dériver de l'expérience elle-même désordonnée et confuse, voire instable. Nous ne saurions descendre la pente qui conduit à l'empirisme ; force est bien d'en revenir à un point de départ rationnel, idéel. Restaurons vite cette possibilité conceptuelle et a priori qui conditionne notre perception.

Mais nous ne nous rendrons pas à ce dernier argument. La prise en compte de l'armature logique et constitutive de la réalité nous conduit vers une autre réponse que celle du recours à l'« entendement pur ».

L'organisme que nous habitons nous propose en quelque sorte des schèmes d'action que nous allons pouvoir appliquer au dehors. Si nous adoptons le tableau des concepts tels que Kant les dispose dans la *Critique de la raison pure*, sous la Classe de la relation, il inclut, (cf. ci-dessous.),

TABLE DES CATÉGORIES

1° *Quantité*
Unité
Pluralité
Totalité

2° *Qualité*
Réalité

Négation

Limitation

3° *Relation*
Substance et accident
(substantia et accidens)
Causalité et dépendance
(cause et effet)
Communauté *(action réciproque entre l'agent et le patient)*

4° *Modalité*
Possibilité — Impossibilité
Existence — Non-existence
Nécessité — Contingence

la substantialité, puis la causalité, enfin la réciprocité. Kant les déduit même les unes des autres. Or, n'avons-nous pas forgé ces outils à travers le fonctionnement de notre organisme ? N'est-ce pas le cas de la causalité (la psychomotricité nous montre assez comment notre décision provoque des effets faciles à observer et à reconnaître) ? Il en va de même pour la substance (si les impressions passent, demeure toujours un socle constant) et pour la réciprocité (le positif que nous fabriquons retentit sur nous et nous encourage). Les premiers concepts, qui permettent les synthèses viendraient donc de nos opérations, et nous nous hâtons d'en user pour composer, vaille que vaille, notre univers. Il est sûr que, par la suite, la connaissance les renouvellera et nous permettra d'en construire de moins sommaires. La table des catégories n'est pas fixée à l'« avance », ni vraiment déductible, comme si une sourde logique la constituait. Nous nous séparons de Kant qui n'hésitait pas : « La table – écrit-il – dont il s'agit contient absolument tous les concepts élémentaires de l'entendement et même la forme du système qui les réunit dans l'entendement humain. Par conséquent, elle nous indique tous les moments de la science spéculative que l'on a en vue et même leur ordre »[1]. Cette philosophie renforce, comme nulle autre, les privilèges du moi architectonique ; elle soumet le dehors à sa législation. Nous avons cru devoir partir de la motricité, une source qui, à sa manière, renforce la présence d'une extériorité active et non pas l'emploi d'un entendement autonome. Nous commencerions par calquer notre monde sur notre propre maîtrise corporelle, avant de pouvoir changer notre bagage et nos possibilités compréhensives ou organisatrices.

Au passage, ne cédons pas au langage qui charrie avec lui des préjugés ou des sous-entendus. Ainsi, lorsque nous disons « l'intérieur », il lui est supposé un extérieur qui le délimite, l'isole même et le situe. Il est, d'entrée de jeu, complet. Mais lorsque nous disons « l'extérieur », il n'entraîne rien avec lui ; il se trouve deux fois « extérieur » : par lui seul d'abord et ensuite par le fait qu'il ne renvoie à rien et pas même à ce dont il se serait séparé. Il manque aussi de solidité (une coque vide).

Nous avons essayé de rétablir le vrai : l'intérieur, selon nous, ne cesse pas de s'élever à sa périphérie, de la traverser afin de déployer sa présence ou plutôt sa puissance. Il parvient jusqu'à la surface. Il renonce à un confinement dans lequel il asphyxierait. Et quant à l'extérieur, il exprime ou contient les deux registres : d'un côté, il tend à nous suggérer ce qu'il recouvre et qui s'expose en partie en lui : le dedans ; en outre, il ne manque pas d'affirmer sa superficie, tel un écran à la fois protecteur mais aussi projectif. Il ressemble à une limite ou un carrefour, là où viennent se croiser les forces. Nous avons tenté de le réhabiliter, en même temps que nous nous éloignions d'un dedans qui s'absolutiserait ou s'isolerait. Renversons vite ce que les mots induisent !

1. Kant, *Critique de la raison pure*, Flammarion, traduction J. Barni, t. I, p. 122.

Nietzsche – pour ne citer que lui – a fêté une telle inversion ; il nous pousse à préférer la superficialité et nous met en garde contre la fausseté dangereuse des « arrière-mondes ». La philosophie n'a pas toujours entendu ce conseil ; elle a cru devoir glorifier l'immatériel, le caché, l'esprit seul (les mensonges de la métaphysique traditionnelle) ; elle ne s'est pas assez avisée que l'esprit ne triomphe que lorsqu'il anime et vivifie les structures dans lesquelles il se loge.

Le soleil de l'exologie ou la reconnaissance du dessus et de ses parures constitue, selon nous, la vraie défense de ce qu'on croit bien à tort invisible et inaccessible.

Table

Achevé d'imprimer en avril 2001
sur les presses de l'imprimerie du Pré Battoir
(42220 St-Julien-Molin-Molette),
et façonné par Ets. Alain (07340 Félines),
pour le compte des éditions *encre marine*
Fougères, 42220 La Versanne,
selon une maquette fournie par leurs soins.
Dépôt légal : avril 2001
ISBN : 2-909422-52-6